週末陶芸のすすめ

林　寧彦

文藝春秋

文春文庫 PLUS

週末陶芸のすすめ　目次

5　趣味をこえて

イラスト・林寧彦

週末陶芸のすすめ

誕生と爆発をくりかえしてきた星のカケラが、
旅の途中で集まってひとつになる。陶芸とは、
窯の中で小さな星を作ること。

はじめに――趣味以上の趣味を持ちたい

僕はプロの陶芸家ではない。ましてや巨匠でも大家《たいか》でもない。職業欄には「会社員」と記すしかない僕が、陶芸の本を書いてしまった。歴三〇年、四〇年という練達《れんたつ》の士がそびえ立つ世界で大胆不敵な所業におよんだのは、生来《せいらい》のオッチョコチョイのなせるワザである。

しかし、趣味で陶芸を始める人がいだく、ときめきとおののきの感情がこれほど分かっている本というのは、ほかにはちょっとあるまいと自負している（何だか腰の引けた自負である）。

中年にさしかかるころ、趣味と呼べるものを何も持っていないことに気がついた。意を決して陶芸教室の門をたたいたのは六年前。瞬《また》く間に陶芸の面白さにとりつかれて深みにはまった。仕事を持つ身としては、時間の捻出、ささやかな場所の確保など、おそらくプロの陶芸家には想像のできない、アマチュアなりの工夫が必要だった。また、アマチュアだからこそ味わうことができる喜びと充足感もあった。

この本は、軽い気持ちで始めた陶芸が、僕の中でいつのまにか「趣味以上の趣味」に育っていった、その楽しくも悪戦苦闘の日々を書き綴ったものである。仕事以外の「もうひとつの世界」を持ちたい。本気で取り組める趣味を始めたい。切実にそう感じている人に、この数年間の僕の体験が何かの役に立つのなら本望である。

1 陶芸入門

陶芸をはじめたい

陶芸教室に電話をしたのは、一九九二年の正月が明けてすぐのことだった。三九歳の誕生日を目前に控えていた。カリキュラムなど、どうなっているのか知りたかった。

「カリキュラムフッ？　ウチはそういうのないんだよね」

「ムフッ」となっているのは、先生がふきだしたからである。

「好きなときにきて、好きなものを作る。分からなければ聞いてもらう。そういうふうにやってるんだよ」

陶芸教室というのは、プロ養成コースとか、アマチュア一級コースとか、そういうのがあって、インストラクターがついて指導しているのかと思っていた。どうやら、スポーツクラブでスキューバ・ダイビングを習ったときのノリとはだいぶ違うらしい。

「見学？　いいですよ、狭いですけど」

と、いうことで次の日曜日に訪ねることになった。そして完全にハマッてしまうのであるが、二週間前までは、自分が陶芸を始めるなどとはまったく考えていなかった。だいいち、趣味としてオジンくさすぎる。

「ご趣味は？」と聞かれて、

「ワシの趣味？　そのようなものは持っておらん。道楽なら土ひねりじゃがのう」

このぐらいが、すっと口をついて出るぐらい枯れてこないかぎり、自分には似合わないと思っていた。

そんな僕が、なぜ陶芸教室に電話をしてみる気になったのか。まずは、そのことから話を始めようと思う。


僕は、広告会社に勤めるビジネスマンである。職種はＣＭプランナー。クライアントである企業の意を受けて、広告キャンペーンやＣＭを企画立案するのが主な仕事である。カタカナ職業であるために誤解されることもあるが、それほど華やかな仕事でもなければ、チャラチャラした業界でもない。企業が生き残りをかけてしのぎを削る、その経済活動の最前線で、生活者との接点をフィールドとするビジネスマンだ。

ＣＭのアイデアやストーリーを考えるのは、創造する楽しさと達成感がある。自分のアタマの中に生まれたイメージが、演出家やカメラマンなどの現場のスタッフによって具体的なカタチになってゆくのを見るのは、たまらなく面白かった。クライアントの意向に沿うという制約があるゆえに、いたずら心の発揮のしがいもある。会社の仕事でありながら、個人の表現欲も満たしてくれる。

「林さんのコピー、好きなんですよ」と、思わぬところから言われたりすることもあり、単純な僕は「コピー」ではなく、「こと」と言われたように喜び、ますます広告づくりが面白くなっていった。勤め始めて何年間かは仕事のペースがつかめず、仕方なしに宿題を持ち帰っていたのだが、そのうちに家で企画を考えるのが当たり前になった。睡眠時間は一日、四、五時間。土日も、何時間かは自宅でデスクに向かう。面白くなりそうな企画は、ひとりで家でやるのが趣味のようにさえなっていた。

三〇代の後半になって、ふと、これでいいのかと思った。仕事以外に楽しみを持っていないことに気がついた。「趣味は娘です」などとしゃれていたが、それがまんざら冗談でもなくなりかけていた。同世代の仕事仲間たちも同じようなことを感じていたのだろう。誘われてゴルフを始めた。もともと身体を動かすのが好きではなく、スポーツは大の苦手。止まっているボールくらいなら打てるだろうと思ったのが大間違いだった。打ちっぱなしの練習場に秘かに通い、目にもの見せてくれようと企んでみたものの、カゴ一杯のボールがなくなっても充足感とは程遠いものが残るだけ。ゴルフ場そのものへの違和感もあってやめてしまった。

おなじ朝早く起きるのなら、と釣りに転向した。うまい魚は食べられるし、「ブルブルッ」、「ガツン」、「ググッ」、魚種によってそれぞれに違うアタリは狩猟本能を刺激してくれた。大原、勝浦など外房方面に足しげく通った。ところがそのうち、船が岸を離れたとたんに気持ち悪くなるようになった。睡眠不足のせいなのだろうが、吹かしたエンジンの重油のニオイをかいだだけで酔ってしまう。「明日は釣行するぞ」。そう決心したとたんに、条件反射のように船酔いの脂汗を思い出す。おっくうになり、しだいに釣りから足が遠のいていった。

また無趣味にもどってしまった、秋のある日。家の近所を散歩していると、庭先に野《の》牡《ぼ》丹《たん》が咲いていた。背丈よりも高く伸びた枝先についた青紫の花。五枚の花弁の重なりあった部分が陽差しを透かして濃く、その濃淡の差が美しかった。見ていると、むしょうにスケッチがしたくなった。娘のを借りてもよかったのだが、自分用のが欲しくなって二四色のクレパスとスケッチブックを買った。描きながら目を近づけて見る野牡丹の花は、別の顔を持っていた。二本の長いおしべがカマキリのオノのような形で、離れて見たときの清楚なたたずまいとは違う、どこか残忍さを隠しているように感じた。立ち止まって花を見るなんて、本当に久しぶりのことだった。ほかにスケッチするものはないかと探すと、柿の葉が色づいていた。赤、橙《だいだい》、紫、桃、茶、黒……。一枚の葉を描くのに何色ものクレパスを出し入れしながら、自然が一年かけて作った色の豊かさに驚かされた。こんなきれいなものがあったのに、今まで目を向けようともしなかった。

郷里の岡山から東京に出たのは一八のときだ。もうすでに、それまでよりも長い年月が経っていた。高梁《たかはし》川の支流の小田《おだ》川、そのまた支流の山の中で育った。小学校は片道二キロの道を歩いて、中学は四キロ、高校は七キロを自転車でかよった。帰りの最後の一キロほどは正面に見える山をめざしての上り坂。四季折々に景色を変える山を眺めながら、さまざまなことを脈絡もなく夢想していた。子供のころから絵を描くのが好きだった。図工の時間、画用紙を外に持ち出すと緑色の絵の具がまっ先になくなってしまう。そんな山の中だった。

大学では油絵のサークルにいた。といっても、学園祭の展覧会が近づくとあわてて描き始める怠け者のくせに、たまにあるヌード・クロッキーと、女子大と合同で行うスケッチハイクには、いたって出席率がいいという、いいかげんな部員であった。

油絵をもういちど始めようと思った。冬のボーナスで思い切って画箱つきのイーゼルを買った。僕が陶芸教室に電話したのは、それからわずか二週間後のことである。突然の心変わりも知らず、かわいそうなイーゼルは銀座・伊東屋の包装紙にくるまって、今もマンションのトランクルームで眠っている。

年末年始の休みの間に、火の愉しさを知ってしまったのである。伊豆にある友人の山荘に招待されて過ごした。暖炉ははじめての経験だった。火はいい。見ているだけで、ふーっと幸せな気分に包まれる。何も考えないで、チロチロ燃える火を眺めていたら、妻が言った。「あなたが絵を始めるんだったら、私は陶芸やろうかな」。「陶芸か……」。呟《つぶや》いてみて気がついた。絵と火。好きなことが両方できることがあるじゃないか。陶芸があったじゃないか。

正月が明けると、まだ松の内に本屋へ走った。入門書と、備前焼《びぜんやき》の人間国宝だった藤原啓《けい》（一八九九—一九八三）の自伝を買ってきた。なぜ備前かというと、僕の出身が岡山で、家には備前が当たり前のようにあって、子供のころから親しんでいたから。藤原啓の名も聞いたことがあった。自伝を一気に読んだ。文学を志して上京。横光利一、西条八十、菊池寛らと親交があったこと。詩集や小説を出したこと。志破れて岡山に帰ってから作陶を始め、やがて「備前」を世界に認めさせるまでの軌跡が綴られていた。波瀾万丈の人生を語りながら、気負うところのない自然体の文章に共感を覚えた。

その中で僕に大いなる勇気を与えてくれたのは、藤原啓が陶芸を始めた年齢で、三九歳からだった。陶芸家というのは、代々陶芸を家業としている家に生まれて、たとえば五歳のときに湯飲みをつくって、見どころがあるといわれ……、というような世界の人だと思っていた。三九歳で始めて人間国宝になった人がいたのである。そのとき、僕は三八歳。あと一か月で三九になる。よし、藤原啓より早く、何としても三八歳のうちに陶芸を始めねばならぬ。人間国宝も夢じゃない。

このあたりの単純さと思いこみは、僕の特技である。そして、あわてて陶芸教室探しとなった。陶芸を始めようと先に思っていたのは妻のほうである。仕事関係の人にアドバイスを求めていたらしく、いくつかの教室の電話番号を書いたメモをもらってきていた。「行くのがおっくうにならないよう、家から近い教室がいい」とコメントがついていた。アドバイスどおり、家からいちばん近い教室に電話してみることになったのである。

さて、妻のほうはというと、「夫婦で同じ趣味やってるなんてバッカみたい」という美学の持ち主で、すっかりやる気をなくしてしまった。

陶芸教室の門をたたく

津田沼陶芸教室はマンションの一室にあった。一階が事務所、二階三階が住居、といっても四戸が入っているだけの小ぢんまりとした建物だった。階段をのぼった二階の奥のドアが教えられた陶芸教室のはずである。外からは、まるでそんなふうには見えない。僕はおそるおそるドアを開けた。

「こんにちは、電話した林です」

「あがってください。そこにあるスリッパどれでもいいから」

陶芸家というのは作務衣《さむえ》を着ているものだと勝手に思っていた。出迎えてくれた浜渡《はまわたり》先生はセーターにジーンズ。あとでわかったのだが、僕と同学年。僕のほうが半年だけ年上だった。教室の中を案内してくれた。泥だらけで、陶芸教室としては何の違和感もないのだが、よく見ると住まいの片鱗《へんりん》が残っていた。土練《つちね》り台と作業台が占めているこの部屋は、おお、ダイニング・キッチンではないか。その証拠に、土間のように見える床には、うっすらとラインが走っている。紛れもなく、これはフローリングの床である。

キッチンの横のドアを開けると、部屋の真ん中に、というより、周りに隙間が残っているといった感じで、デーンと大きな電気窯《がま》が占領している。ここは本来は寝室のはずだ。もう一部屋にはロクロが三台。

「ロクロで成形したものを、ここで乾燥させるんだよ」

先生は押入れを開けた。何段にも棚があって、板にのせられた器がビニールでおおってあった。気のせいか床がブヨブヨしている。もしや、と思ってよく見ると泥の下にビニール・カーペットの花柄《がら》模様がかすかに見えている。めくってみるとその下は、畳だった。

「このあいだ、生徒がバケツの水をひっくり返して大変だったんだよ」

それほど大変でもないような顔で笑っている。

「こんなになってたら、あとで売るとき、どうするんです」

僕は、まさか賃貸マンションをこんなにして使っているとは思わなかった。

「いや、さいしょ大家《おおや》さんが見に来たんだけど、それからは全然こないんだよ。これだけ汚しちゃったら、出るときは夜逃げするしかないかな」

この無頼ぶり、楽天ぶり。大家さんこそいい迷惑であるが、いっぺんに浜渡先生が好きになった。

今度来るときでいいですよ、と言ってくれたが、一カ月分の授業料一万二〇〇〇円をその場で受け取ってもらった。ほかの教室をあたってみる気がなくなったのと、もうひとつ理由があった。陶芸を始めるのは三八歳でなくてはならないのだ。誕生日まで一カ月の余裕があるが、土日が続けて仕事でつぶれることも多い。三九歳で陶芸を始めて人間国宝になった藤原啓に負けないためには、三八歳で始めなくてはならないのである。授業料を払った時点で、陶芸を始めたと言えるかどうかは異論もあろうが、とにかく始めるための手続きをすませたことはたしかである。

次の土曜日、仕事は入らなかった。家の掃除と、スーパーでの買い物をすませてから教室に行った。ロクロをやりたかったのだが、最初は手びねりで湯飲みを作ってからと言われた。

「基本は湯飲み。ユー・ノー・ミー？」

先生はじつにくだらないシャレをとばしまくって教室の生徒を悩ましているのである。大きな粘土のブロックから、使う分だけ針金で切り分ける。はじめて粘土に触った。その感触がじつに良い。柔らかく手に馴染《なじ》んで弾力がある。見た目にもしっとりと潤った肌が艶《つや》っぽい。まずはピンポン玉くらいの大きさに粘土を丸めて手ロクロの上に置く。手ロクロを回しながら空手チョップで粘土玉をつぶす。これが湯飲みの底になる。そのまわりに、ロープ状に伸ばした粘土を一周させる。指で底となじませる。その上にまた粘土を一周させて……と、くり返して積み上げてゆく。最後に、でこぼこした口を「弓」と呼ぶ道具で水平にカット。水を含ませたスポンジで整えてでき上がり。書くと簡単なようだが、ひとつ作るのに一時間もかかった。三個作ったらクタクタに疲れてしまった。ビニールにくるんで押入れ、もとい！　乾燥室に入れて、陶芸教室の初日が終わった。翌週、底を削り、その次の週に素焼《すや》き。そのあと釉薬《ゆうやく》を掛けて、いよいよ本焼《ほんや》きという工程になる。

どこの教室でもこのような進め方ではないかと思う。もう少し詳しく説明しておくと、一週目で手びねりやロクロで器を成形して、ビニールでくるんで保管。日光や風の当たらないところで、ゆっくり乾燥させる。

二週目に半乾燥した器の「高台《こうだい》」削り。器をひっくり返して、底の輪を削り出す。高台は、器の安定、形の美しさなどのために考えられたものだろうが、削ることによって底の粘土が締まって、底割れを防ぐ効果もある。器にヘラなどで文様《もんよう》を彫るのなら、高台削りの終わったこの時点だ。乾燥が進んでしまうと、粘土がヘラを受けつけなくなる。

三週目。湯飲みなどの小物ならすでに充分乾燥している。手で触ってみてヒンヤリしなくなっていれば、「素焼き」にまわしても大丈夫。素焼きは、そのあとの「本焼き」のための準備だ。八〇〇度くらいの低温で焼くことによって、粘土の性質が変わって扱いやすくなる。あまり高い温度で焼くと、焼け締まりすぎて釉薬の掛かりが悪くなる。

逆に温度が低すぎると、まだ粘土の性質が残っているために釉薬を掛けると割れてしまう。

四週目。素焼きした器に釉薬を掛ける。絵を入れたければその前に描く。僕は絵が描きたくて陶芸を始めたくらいだから、とても楽しい工程だ。弁柄《べんがら》（酸化第二鉄）に水を加えてよく擦《す》った鉄絵の具を、たっぷりと筆に含ませて描く。絵は上手くなくていい。本当にそうなのだ。窯の火をくぐると、描いたとき気になっていたミスなど、跡形もなくどこかに行ってしまう。小さなことなんか気にするなよ、と火に言われているようだ。おおらかな気持ちで筆をとればいい。黒や茶色に発色する鉄絵の具のほかに、青に発色するコバルト、さらに市販の「下絵の具」を使えばさまざまな色を楽しむことができる。

釉薬は、器にガラス質の被膜を作るためのもの。「ゆうやく」とも、「うわぐすり」とも読む。長石を主成分に、石灰、珪石《けいせき》などを調合したものに水を加えて作る。透明に焼き上がる釉薬が基本で、これに酸化金属を加えることで「色釉《いろゆう》」ができる。加える酸化金属を変えれば、発色は千変万化《せんぺんばんか》だ。

釉薬を掛け終わったら、窯詰《かまづ》めして、いよいよ本焼き。徐々に温度を上げてゆき一二三〇度から一三〇〇度くらいで火を止める。完全燃焼のまま焚《た》き終わるのが「酸化焼成」。釉薬が溶けはじめるころ（九五〇度前後）から不完全燃焼させて窯の中の酸素を奪うと、土や釉薬の中の金属成分が還元されて、焼き上がりの印象ががらりと変わる。

この焼き方を「還元焼成」という。

陶芸教室では、粘土での成形から本焼きまで、四、五週間のサイクルだ。といっても、たとえば高台削りの作業が終わると、別の新しい粘土でロクロ挽きをしたりするから、次のサイクルとの同時進行になる。

さて、陶芸教室ではじめて作った湯飲みであるが、それぞれの工程を無事にたどり終えてやきものになることができた。今も手元に持っている。当時は、ひどい形だと思っていたのに、あらためて見るとじつにいいのである。この歪《ゆが》みは、ちょっとやそっとの技では作れない。歪めようと思っていないのに歪んでしまうから自然体なのである。思えば、始めてから二年目くらいに作ったものがいちばんつまらない。きちんとキレイな形なのだ。一個二〇〇円くらいで売られているものにそっくりだ。面白くも何ともない。今は、自然に見える歪みが少しは出せるようになったが、あの最初の湯飲みのおおらかさにはとてもかなわない。自然に見える歪みを出してやろうという浅はかな気持ちが、でき上がったものに出てしまうのである。

粘土に触ると手が荒れるだろうと覚悟していた。庭いじりしたあとのようなさかむけで痛い思いをするのは嫌だった。しかし何ともない。水で手を洗ってばかりいるから、脂分が落ちてカサッとした感じになるが、これはクリームを塗っておけばいい。庭や畑の土と違って、粘土は空気が遮断されるために雑菌が少ないせいらしい。ドロンコ美容があるくらいで、粘土は手に優しいと女性にも大いに勧めたいところである。

通いはじめて三回目で、電動ロクロに初挑戦することになった。こだわるようだが三九歳の誕生日まで、あと一〇日。ついに三八歳でロクロを始めることができたのだ。藤原啓に一〇日の貯金ができたのだ。「めざせ人間国宝」である。

ロクロ初日は何も作れなかった。それどころか、作る前の段階から手こずった。まずは先生のお手本から。両側から粘土を押さえつけ、土全体をギューンと上に伸ばす。次に土の頭を押さえつけて元にもどす。粘土の質を均一にする「土慣《つちな》らし」である。要するに、ロクロの回転による遠心力を上に向かう力にかえればいいのだが、それは理論である。グルグル回る粘土を押さえているのが精一杯。上に伸びるどころか、どんどん平らになって、しまいにはロクロからはみ出してしまう。本来は砲弾型になるはずだが、初挑戦ではとてもムリ。それでも何度かやるうちに、裾《すそ》広がりの富士山のような形になんとか落ちついた。いよいよ湯飲みに挑戦である。先生がお手本を見せてくれる。両手をすぼめて、粘土の山の頂上にピンポン玉くらいの大きさのネギ坊主を作る。それに親指で穴を開ける。さらに、親指と他の指とで粘土を挟んで、ロクロの回転にあわせて筒状に上に伸ばしてゆく。いっしょうけんめい見ているのだが、先生は両手の指を複雑に動かしている。どこを見ていればいいのかさえ分からない。

「さあ、やってみて」

と言われても、何をどうすればいいのか。穴を開けるところまではできても、上に伸ばすのは難しい。内側に入れた右手の指と、外側の左手の指のあいだに粘土がある。その厚みを均一にしたまま指を上に移動させれば、粘土は伸びてくれる。それは理屈である。見えないところにある両手の指の間隔なんて分かるわけがない。粘土の厚みがいびつになると、とたんによじれて切れてしまう。ロクロの隣に置いた板に、失敗作の山ができる。とうとう一個の湯飲みもできないまま、ロクロの粘土を使い切ってしまった。

「土の練《ね》り方を教えるよ」と、先生から声がかかる。気を取り直して土練り台のところに行く。ビニール袋に入った二〇キロの粘土の固まりから、使う分量を針金で切り離す。体重計にのせて、五キロあるのを確かめる。

「面倒がらずにキチンとやっておくと、そのうち持っただけで重さが分かるようになるよ」と言われた。

切り離した五キロの粘土を土練り台にのせる。両手で押しつけると、横に粘土がはみ出してくる。はみ出した部分を折り返す。向きを変えて押しつける。それのくり返し。これが「荒練《あらね》り」である。粘土の柔らかさを均一にする練り方だ。これをいい加減にやると、ロクロで絶対にうまく挽《ひ》けない。

荒練りのあとは「菊練《きくね》り」の練習。粘土に入りこんだ空気を抜く練り方だ。空気を残したままにしておくと、ロクロ挽きのときブヨブヨした部分ができてやりにくいし、素焼きの途中で破裂することもある。それを防ぐための練り方なのだが、菊練りは難しい。要は、粘土を回転させながら押しつけて練るのだが、土の動きと体の動きがひとつにならないと、力ばかりが入って回転してくれない。「菊練り三年」と言われる。一人前にできるようになるには三年かかるということだ。習ってすぐできるような技ではない。

「もういいよ」と言ってくれるのを待っていたのだが、いっこうに声がかからない。自分でも納得できない。暖房の効《き》いた部屋での力仕事で、額に汗が浮かぶ。背中もベタッとしてくる。妙に意地を張る性格の僕は、このときも、先生がいいと言ってくれるまでやろうと決めてしまった。先生との根《こん》くらべである。午後ずっと土を練っていた。自分の作業をしていた先生が、手を洗うために僕の横を通った。

「あれっ、まだやってるの？」

「ええ、菊練り三年を一日でやろうと思って」

思わず負け惜しみを言ったが、なんだよ、先生忘れてたんじゃないか。

それからというもの、「土練りを半日やっていた男」という、熱心ともバカともつかぬ伝説の男になってしまった。

ロクロ挽《ひ》きはベランダで

ロクロ挑戦の初日は、一個の湯飲みも形にすることができなかった。それでも、「これは一生の趣味になるぞ」という予感がした。ヌルッとした土の艶《つや》っぽい感触。粘土が上に伸びたときの快感。上手になるには、とにかく慣れることだ。週に一回教室に通っていただけでは覚えたことも忘れてしまう。手に覚えさせないことには始まらないと思った。

自宅のマンションのベランダに目をつけた。L字型のベランダの、短いほうのスペースが空いている。

「ロクロ、買いたいんだけど……」

オズオズと妻に切り出してみた。

「練習用にいるんだよ。ベランダに置いてもいいかな。いや、石油ストーブくらいの大きさだから邪魔にはならないから」

かなりの抵抗を覚悟していたが、「汚くしないでよ」というお言葉だけで、すんなり通った。プレゼンテーション成功である。もっとも、お互いの認識にかなりのズレがあったことがのちに判明した。

注文して二週間後の土曜日、ロクロが届いた。

「アナタ、ちょっと来てー」

さきに玄関に出た妻が大声で僕を呼んだ。

「どこに置きましょうか」

運送屋さんが困った顔をしている。ドアの外を見ると、……デカい。ダンボールの箱は、ドアを通るかどうかという大きさで、その威容を誇っていた。

「い、いちおう中に入れてください」

ロクロの入った箱は、何とかドアをすり抜けて家の中に入った。妻は奥に入ってしまった。と、言ってもそんな奥のあるようなマンションではないが。いかん、明らかに妻は怒っている。運送屋さんが帰ると、また玄関にもどってきた。

「何考えてるのよ、こんな大きな物」

「いや、梱包が大げさなだけでロクロはそんなに大きくないよ」

言い訳しながらダンボールを開けた。中には輸送用のクッションがたくさん詰めてあり、ロクロ本体の大きさはさほどではないのだが、最初で怯《おび》えさせてしまった。土練り台とか、粘土の保管箱とか、まだまだ企んでいることがたくさんあるのに、最初でしくじってしまった。いちど怯《おび》えさせてしまったら、なつかせるのは大変だぞ。リスを飼うのに失敗した経験がふと脳裏をよぎる。手のりリスにするつもりが、人の姿を見るが早いか巣箱に飛びこむという、まったくかわいげのないペットになってしまった。大丈夫、大丈夫、このくらい何でもないからと、少しずつ慣らしてゆくのが鉄則である。絶対にびっくりさせてはいけないのである。

ロクロの機種は、教室のと同じものにした。あとで考えてもこの選択は賢明だった。操作が同じものが慣れるためにはいちばんだ。値段は一〇万五〇〇〇円。機械としては単純だから故障も少ない。メーカーの人によると「毎日、何時間も使うプロなら別ですけど、週二、三回なら、モーターの寿命が来るまでは使えますよ。一〇年くらいはまったく問題ないと思いますよ」とのこと。耐久年数を考えれば、それほど高い買い物ではないだろう。

ともかく、真新しいロクロはわが家のベランダに納まった。電源を入れると、ブーンと低いモーター音。レバーを引くとピカピカの回転板が勢いよく回った。教室ではちっとも気にならなかったモーター音だが、静かなベランダで聞くと意外に大きい。階下に響くのではないか、と心配になる。七階建てマンションの七階。両隣りもある。防音のために、ロクロの四本足の下にゴムの板を敷くことにする。

日曜大工の店に行く。目的はゴム板だけではない。ロクロをやるとなると、土練り台も必要になる。練ることで粘り気が出て扱いやすくなった粘土を、そのままロクロに移して挽くからだ。八〇センチ四方のぶ厚い合板と、足にする角材を買った。土練りは上体の体重をかけてやるため、高さは普通のテーブルより低め。かなり頑丈にしなくてはいけない。四本の足に×印に板を渡して補強することにする。所定の長さに切断してもらって帰る。土練り台の材料費は五〇〇〇円あまり、板はかなりの分量になった。

二回に分けてコソコソとベランダに運ぶ。妻は夕食の支度のためキッチンにいる。早いとこ片づけてしまおう。頭の中にでき上がりの土練り台のイメージを描き、クギを打ちこもうとしてふと振り向くと妻が立っている。ゲッ、全身がビクッとする。ナニユエ、ワタシハ、コウマデ、ツマトイウソンザイニ、オビエルノデアロウカ。自分の不甲斐なさを罵《ののし》りながら何か一言あるだろうと身構えたが、

「けっこうなご趣味ですねえ」

と言っただけで向こうへ行った。いっしょに暮らして一〇年にもなると、褒めているのでないことくらいわかる。風雲急を告げている。急がねばならない。早く完成させて食事の支度を手伝おう。気はあせるが、慣れない大工仕事である。足をつけてみると全体がグラグラする。長いほうの足を少し切るとよけいにグラグラしてきたりで、けっきょく完成したのは、「お父さん、ご飯だって」と、娘が呼びに来たあとであった。

翌日は日曜日。教室に行き、先週についで二回目のロクロに挑戦。途中で何度も粘土

がちぎれたが、腐らずに続けていると、ドテッとしているが「湯飲み」と呼んでも差し支えないものができた。切り糸を使って、粘土の本体から切り離す。両手の人指し指と中指で支えて湯飲みを板に移す。

「先生、できましたよ」

「へえ、早いねえ。俺なんか、ロクロの二回目なんて何にもできなかったよ。林さん、スジがいいんじゃない？」

先生は褒めるのがうまいのである。その後、ロクロの上の粘土を使いきってしまうまで続けた。つぶれたアンパンのような失敗作の山ができたが、二時間で五個の湯飲みができた。手を洗うために立ち上がろうとしたら、腰が上がらない。ヘンな所に力が入っていたためか、体が完全に固まってしまっていた。

「二回目でこれだけできれば上等だよ」

と先生。教室の主流である中年の女性たちも、「お上手ねえ」などと声をかけてくれる。こういうとき、調子に乗ってその気になってしまうのが僕のいいところである。

家にロクロを買ったことは、まだ誰にも話していない。突然上達して「もしかして、向いているんですかねえ」なんて言ってやろうと思っている。家でやるには粘土がいる。

「先生、粘土を少し売ってもらえませんか。土練りの練習したいから」

練習用なら、と教室の再生粘土（高台《こうだい》削りで出た粘土を乾燥させて、ふたたび水で柔らかくもどしたもの）をタダでくれることになった。二人のやりとりを聞いていた女性が言った。

「私ももらおうかな。味噌で練習してみたんだけど、ベッチョベチョになってうまくいかないのよ」

味噌に目をつけるとは、キッチンを預かる女性らしいアイデアであり、すさまじい向上心である。それにしても、練習のあと、そのベッチョベチョの味噌はどうなったんだろう。味噌汁になったか、味噌炒めになったか、かき鍋に使われたか。いずれにしても内密裏《ないみつり》に家族の胃袋に納まったことは、間違いなさそうである。


教室でもらった粘土を使ってベランダでの陶芸が始まった。仕事が忙しい時期にぶつかり、日付が変わってからの帰宅が多かった。スタートは午前一時、二時ということになる。二月のベランダは肌を刺す寒気の中。「けっこうなご趣味ですねえ」どころではない。ひたすら気力だけが頼りである。まず、部屋からベランダに一歩出るのに相当な覚悟がいる。曇ったガラスの向こう側はキンキンに冷えている。そこで立ち止まると、もういけない。こんな夜中に外に出るというのが正気の沙汰とは思えなくなってくる。暖かいベッドがグイグイ後ろ髪を引く。ええい、そんなことでどうする。

「今の私があるのは、真冬の深夜の修練があったからです」

人間国宝になったときに話せるエピソードができるじゃないか。無理やり自分を納得させて、ガラス戸を開けて外に出る。

まずは土練りを始める。ビニール袋に入れた粘土を、保湿箱から取り出す。これは、クール便の発泡スチロール箱を転用したものだ。土練り台に五キロの粘土をのせる。両手で力いっぱい押して、両側に伸びた部分を折り返す。粘土は、ほとんど氷のようだ。指先から手全体にしびれるような感覚が広がってゆく。冷たいというより痛い。血管の中を流れる血液が、指に行くのを嫌がっているのが分かる。「荒練り」から「菊練り」に移る。まだまだリズミカルには練れないが、菊練り一〇〇回が終わるころには体が暖まってくる。

僕のいでたちは、厚手のトレーナーの上にライフベストのような袖なしのチャンチャンコ。セーターを着たいところだが、ドベ（ロクロを挽いたときにできる、水分を多く含んだドロドロの粘土）がついたとき面倒だ。それに、トレーナーのほうが二の腕までたくし上げやすい。そう、腕は裸なのである。下は、Gパンに靴下。手を洗うたびにバスルームとの往復になるから、足元はサンダル。脱ぎやすいということは、つまり寒さに無防備ということで、くるぶしあたりから、容赦なく寒気が襲ってくる。土練り台の上で砲弾型にまとめた粘土をロクロの上に据えると、準備完了。息があがっている。部屋に入って一服する。余談だが、陶芸は体にいいのである。粘土をいじっている間は、タ

自宅ベランダに確保した陶芸コーナー。1.5㎡ほどのスペースに、ロクロ、土練り台、粘土保管箱などが並ぶ

バコを吸いたくても吸えないので本数がへる。全身運動の土練りは腰痛予防にいいし、腕には筋肉がつく。

一服終えるとロクロ挽きだ。小さなプラスチックのバケツに、アチッというくらいのお湯を張ってベランダに運ぶ。かつては娘の砂場遊びにつき合ってくれた、ウサギの絵が剝《は》げかけた赤いバケツである。ロクロをゆっくりと回しながら、両手で粘土をバンバン叩いて、スチールの回転盤に密着させると同時に形を整える。隣家は寝静まっている。思い切り叩きたいが、苦情が出ないかと遠慮がちになる。モーターのブーンと唸る音も、昼間よりずっと大きく聞こえる。まずは、「土慣《つちな》らし」から始める。土慣らしは、別名「土殺《つちごろ》し」。粘土の質を均一にして扱いやすくするのだが、クセをなくしておとなしくさせることからついた名前らしい。いかにも職人っぽいネーミングの響きがいい。

手との摩擦をなくすため、お湯をすくって粘土にたらす。ロクロのペダルを踏みこんで勢いよく回転させる。両手で挟んで上に伸ばし、続いて押し下げる。それをくり返せばいいのは分かっていても、思いどおりにはいかない。粘土が回転盤の上で暴れ回って、おとなしく殺されてはくれない。かじかんだ手を、お湯に浸すとジワッと感覚がもどってくる。

土殺しが完了したら、いよいよ湯飲み作りである。両手をすぼめて、粘土の山の頂上にピンポン玉くらいの大きさのネギ坊主を作る。そこへ親指で穴を開ける。親指と他の指とで粘土を挟んで、ロクロの回転に合わせて立ち上げてゆく。粘土の壁はしだいに薄くなって、上に伸びてくれるはず、なのであるが――。脇を締めて、教わったとおりにやっているつもりなのに、手がグラグラする。おまけに手がかじかんでいる。土が千切れる。

「よしっ、もういっちょう」

最初からやり直す。できあがった湯飲みをのせようと用意しておいた板に、つぶれたアンパンのような形の粘土が山になってゆく。腕が震えているうちはまだいいが、膝がガクガクしてくると、もうだめだ。胴震いが始まる。手桶のお湯は、もう完全に水になっている。ふと気づくと、手についたドベから湯気が立ちのぼっている。体温で温められたドベから湯気がのぼるということに妙に感動して、しばらく眺めていた。そんなことに感心している場合ではない。歯がガチガチ鳴る。もう限界だ。「遭難」という言葉が、一瞬脳裏をよぎる。ガクガクしながら風呂に突進する。両手の泥だけ落として、湯船に飛びこんだ。凍った体がお湯の中にゆっくりと溶け出してゆくような至福のときであった。春がこんなに待ち遠しかった日々というのは、それまでの僕の人生にはなかった。

「オレの部屋のカーペットを剝がして、コンクリート剝《む》き出しの陶芸部屋にするというのは……、やっぱり駄目に決まってるよねえ」

上目遣いの、腰の引けた提案をしてみたが、これは、信頼関係のできていないクライアント企業に「社運をかけたキャンペーンをやりましょう」と押しかけのプレゼンテーションをしたようなもので、まったくのムダであった。当たり前である。

湯飲み作りは、ロクロが上手くなるための「練習」と割り切っていた。広告だって、新人のコピーライターはキャッチ・フレーズを考えるのに原稿用紙を一冊つぶす。それをくり返すうちに、何かを摑んで上手くなってゆく。標高をかせぐためには広い裾野が必要だ。とりあえず一冊書きつぶすことが大切なのだ。
先輩のCMプランナーに聞いた話であるが、ある有名ピアニストがゴルフを始めたときのこと。九番アイアンだけを持って練習場に通い続けて、わずか半年でスコア一〇〇を切ったという。九番アイアンだけを半年というのは、できそうでできないことである。ドライバーで飛ばす快感を凡人は我慢できない。ところがピアニストにとっては、それははピアノの習得と同じ方法論だという。指が上手く動かない箇所だけを徹底的に練習するる。マスターできるまでは、決して先に行こうとはしない。話を聞きながら、「馬鹿になることができる」というのはひとつの才能ではないかと思った。僕は、馬鹿になってとにかく湯飲みをたくさん作ろうと決めた。湯飲みはすべての基本である。下を膨らませて上をすぼませれば、徳利である。上を開けば鉢になり、さらに開いてゆけば皿にな

初めて作った湯飲みなど。自分では魯山人ばりのものができたつもり

る。何個湯飲みを作ったかを、僕はノートに正の字でつけることにした。

「一〇〇個作れば一人前、と言われてるよ」と先生は言った。一〇〇は勢いでできる数字だが、一〇〇〇は余程の堅固な意志がなければ達成できない数字である。パワーと、エネルギーの違い、と言えるだろうか。

午前二時にベランダで震えた日、僕はノートに「丅」とつけた。たった二個しか形にならなかった。一〇〇〇は気の遠くなるような数字だった。

2　陶芸教室の日々

教室の選び方

陶芸を始めたいという人から、どんな教室がいいか相談されることがある。僕は迷わず「家から近いこと」を第一にあげる。

陶芸の場合、作業の工程にいくつかの段階があって、ひとつの工程が終わってもすぐには次に移れない。ロクロ挽きしたあと、半乾きするのを待って底を削って高台《こうだい》（丸い輪の部分）を出す。さらに完全に乾燥させてから素《す》焼き。それに釉薬《ゆうやく》を掛けて本《ほん》焼きすればでき上がりだ。素焼きと本焼きは先生任せでも、ロクロ挽き、底削り、釉薬掛けの三回は通わなければならない。さらに、粘土が柔らかいうちにヘラで模様を入れたり、素焼きしたものに絵を描いたりするなら工程はもっと増える。ウデが上がるにつれていろいろな技法に挑戦したくなるものだ。作りたいものも、蓋のついた茶漬け茶碗や、もっと形の複雑な急須だったりと、手のかかるものがやりたくなる。時間がないときでも、教室が近ければ、ちょっと顔を出して削りだけでも——、というのができる。乾き具合のいいタイミングでの削りは、カンナの先からスルスルと削りかすが生まれて快感があるが、翌週になって乾燥が進んでしまうとカンナを受けつけなくなる。力いっぱいやっても、まるで石を削っているようで、気の短い僕などストレス解消どころか、逆にストレスを抱えこむことになってしまう。

教室を選ぶもうひとつのポイントは「先生と気が合うこと」。本当は、家から近いことよりもこちらのほうが大切なのだが、こればかりは通ってみなければ分からない。たまたま家からいちばん近い教室を選んだのだが、いい先生と出会えたのは幸運だった。

ロクロ作業は、続けて二時間もやっていると正直言って飽きてしまう。あとは先生の作業を見ていたり、手が空《あ》いたら質問したり、ダべったり。僕にとっては、むしろそういう時間のほうが楽しかった。陶芸家という、自分とはまったく違う職業の人の仕事ぶりが見られるし、知らない世界の話が聞けるのも新鮮だった。

以前、異業種のビジネスマンの勉強会などに出てみたこともあったが、情報交換以上の刺激は感じなかった。ビジネスマンではない先生との話は、組織人としての自分の殻に風穴を開けられ、そこから清々しい空気が流れこんでくるような心地よさがあった。

先生のアルコール好きを知ってから、コンビニで缶ビールを四、五本買って行くのが習慣になった。先生に言わせると「林さんが来るまでは教室でビールなんか飲まなかったよ」となるのであるが、断じて僕だけのせいではない。

土日は教室に入りびたって、夕食に遅れることが多くなった。娘から催促の電話が入る。教室の電話が鳴ると「あ、林さんじゃない？」と言われるようになった。わが家は夫婦ともに仕事を持っているから、平日はどちらかが都合をつけて、娘と食事をするようにしている。家族揃って夕食のテーブルにつけるのは土日くらいのものである。娘からの電話に「もう、帰ろうとしてたとこだよ」と言い訳しながらも、先生の陶芸話に引きこまれてなかなか腰が上がらない。二度目の電話に、「今、帰ったとこです」と言ってもらいながら、あわてて立ち上がることになる。ハアハアいいながら玄関を開けると、「もー、おなか空いたよー」と非難の嵐。そんなことがたび重なるうちに、「教室でビール飲んで話してるんだったら、家で夕食たべてもらったら？」という妻からの提案があった。

わが家で鍋を囲むことになったが、そこで先生についていくつかの誤解があったことが判明した。まず、先生は独身ではなかった。教室に泊りこんでいるから、自宅兼教室だと思いこんでいたのだが、窯《かま》を焚《た》く日だけ、火の番のために泊まるとのこと。あるとき、忘れ物を取りにもどってきた生徒が、先生の姿を見て騒ぎになったことがあるそうだ。「ホームレスの人が教室で寝ている」と勘違いしたのである。無理もない。泥だらけの、というよりほとんど土間に見える床に、布団が敷いてあって、それがモソッと動いて「どうかした？」なんて返事をする人が先生だなんて、ふつう思わない。そんな話に、笑い転げながらの楽しい夕食であった。

教室に帰る先生を途中まで送って行った。ふと思い出したように、先生はポケットから光るものを取り出した。

「夜やるんなら、教室使っていいよ」

陶芸教室の合鍵だった。遭難寸前の「ベランダ陶芸」の話が、先生の耳に入ったらしい。

「ここでいいよ、寒いから」

先生はクルッと背を向けて、寒風の中を酔いの回った足取りで、教室のほうにもどっていった。

僕にはできないなと思った。僕が先生の立場だったら、絶対に生徒に合鍵を渡したりはしないだろう。下手な人間にひとりでロクロを使わせると汚すに決まっているし、スポンジや手桶の位置がいつもと変わっているだけでも不愉快になってしまいそうだ。先生ともっと親しくなったあとでそのことを話すと、意外な言葉が返ってきた。

「そういうの、俺も気にするほうなんだよ。教室を開いたばかりのころは、床を毎日ピカピカに磨いて帰ったんだ。今でも、汚したまま平気で帰る生徒を見るとムカムカするよ」

そんな先生が、なぜ合鍵を――。

「俺も始めてすぐのころに、先生から合鍵もらったんだ。あとからくる人には、してもらったことは、してあげようと思うから」

僕に同じことができるだろうかと、また思った。

その後も、何度かわが家で食卓を囲むことになったが、教室の近くに先生の行きつけの店があることが分かってからは、家で食事を済ませてから合流することが多くなった。先生とは何となく気が合った。照れ屋のくせに人が好きなところが似ているのかもしれない。ふたりとも、真面目に飲むときは日本酒だ。先生は、香りのある山形の酒に凝っていて、「くどき上手」とか「ひとりよがり」とかの、ヘンな名前の酒にずいぶんつき合った。酒をあいだにして、いろんな話をした。青森県の基地の町で育ったこと。早くにお父さんを亡くしたこと。上京してサラリーマンになったこと。サラリーマンを辞めたこと……。ポツリポツリとそんな話も聞いたが、ほとんどは陶芸まわりのことである。土のこと。釉薬のこと。窯のこと。焼成のこと。

「ひとつのことが分かったと思ったら、その先がまた分からなくなる。陶芸のことを全部知ろうとしたら、たぶん人生三回くらいやらないとダメじゃないかな」

定年で、否応なしに仕事を取り上げられるサラリーマンとは違う世界がそこにはあるような気がした。人生一回分ではやり遂げられない仕事、それこそが「ライフワーク」というにふさわしいのではないか。

あるとき、先生からこんな話を聞いた。高名な陶芸家がロクロで手早く挽くのを見た人が、こう言った。

「そんな二〇秒でできるようなぐい呑みが、どうして何万円もするんですか」

陶芸家は静かに応えた。

「二〇秒でできたのではない。五〇年と二〇秒じゃ」

聞いたときには思わず笑ってしまったが、自分の年齢に絶対の自信を持って言い切ることのできる仕事について考えてしまった。僕の好きな話である。

さて、教室には先生のほかに、もうひとり大事な人がいる。アシスタントをしている岡本さんである。二〇代の青年であるが、彼にも教えてもらうことが多いので、「岡本さん」と呼んだり「岡本クン」と呼んだりしている。かなり陶芸にハマッているが、教室に来たくて来たわけではないと言う。近所のオバサンに誘われて無理やりに――。

「そのときは、何でオレがこんな年寄りじみたことやんなきゃいけないんだよって思いましたよ。バイクぶっ飛ばしてたほうが、よっぽど面白いですからね」

若いころは(今だって若いが)、バイクで相当鳴らした口ぶりである。数年前、交通事故に遭い、リハビリに通っているとき、近所のオバサンに陶芸を勧められたのだそうだ。指の運動のためだった。

彼の急須は見事である。工程が面倒くさくて、僕などは今までに三個しか作ったことがない。お茶を入れる本体、注ぎ口、把手、蓋。この四つを別々にロクロで挽いたあと、プラモデルのようにくっつけてゆくのだが、でき上がりのイメージが前もってしっかりできていないとキレイな形にはならない。彼の急須は凜としている。僕が作ると、蓋がグラグラするが、彼のはピタッと納まる。性格の違いがそのまま現れている。後片づけをいいかげんにする生徒のことを、最初に怒りだすのは岡本クンである。とはいえ、ブーブー言いだすのは生徒が帰ってから。揃いもそろって三人とも女性に弱い。とくに中年の女性が苦手。

「ったく、ざけんじゃねえって感じですよ。何考えてるんすかねえ、こんなに汚したまま帰っちゃって……。あ。忘れ物ですか？　何でしょう。あ、ありますよ、これでしょ？　え、大丈夫ですよ、ここはあとで僕が拭いときますから……」

その健気《けなげ》さに、涙がでるほどの好青年なのである。

教室の生徒は、四〇代、五〇代の女性が多数派である。器を作ってみようという人は、たいてい料理が好きだ。弁当持参組が多く、また、凝った煮物などが作業台の上に並ぶ昼食時は壮観だ。

「林さんも、おひとついかが？」

などと、自家製の美味しい漬物のおすそ分けにあずかったりできるのだが、何かと被害者意識の強いのが玉にキズ。先生がほかの生徒に教えていると、「それ、私まだ教えてもらってないー」。突如として叫ぶのである。教わっているのが若い女性だったりすると、声は一オクターブ高くなる。

「ねえ、あなたも習ってないでしょう？　私たちそれ教えてもらってないわー」

同年輩の仲間を巻きこんでの抗議となる。日が沈むと、先生はリハビリのために、行きつけの居酒屋に駆けこむことになるのである。

少数派ではあるが、中年の男たちも熱心に通ってくる。始めた動機は僕と似ているようだ。仕事だけで来てしまったが、気がついてみたら趣味と言えるものを持っていない。子供も親離れしてしまった。そんな背景が言葉の端々からうかがえる。

意外に多いのが二〇代の女性である。彼女たちが趣味として陶芸を選ぶ理由が、いまひとつ僕にはよく分からない。ものを作る楽しさということでは、これほど楽しいものはないのであるが、僕が二〇代のころは「その趣味がカッコイイかどうか」ということがものすごく気になった。油絵、テニス、スキューバ、エアロビクス（！）、ゴルフ、釣り、焚き火と、遍歴をかさねた末、三〇代の終わりになってやっと自分の気持ちに素直に従えるようになって出会った陶芸である。それを二〇代で始めている彼女たちに、僕はもしかしたら嫉妬しているのかもしれない。僕の集中力は時として危機に晒《さら》されるのであるが、短パンにTシャツというスタイルでロクロに挑む彼女たちの自由さがとてもいい。

陶芸の世界を熱っぽく話してくれる先生と、愉快な生徒たち。居心地のいい教室で、僕はますます陶芸が面白くなっていった。

『展覧会』に出品

教室に通いはじめて半年が過ぎた。冬のあいだは深夜に教室を使わせてもらうことも多かったが、季節が良くなってからは、もっぱらベランダ陶芸に励んだ。一時間ロクロの前にすわれば、それだけ腕が上がるのが分かった。習い始めは何でもそうかもしれないが、グングン上手くなってゆくのが実感できる。

ロクロは回転運動によって生まれる遠心力を制御して、土を上方へと伸ばす力に変える道具である。この原理を発見した人は間違いなく天才である。現在、主流は人力から電動に変わったとはいえ、基本原理は何千年ものあいだ変わっていない。

ロクロの起源は、紀元前二〇〇〇年頃のエジプトと中国だといわれる。エジプトからはヨーロッパに伝わり、中国からは朝鮮、そして日本に伝わったそうである。

陶芸を始めてからというもの、会社の同僚と酒を飲むことが少なくなってしまった。アルコールがロクロの天敵であることが分かったからだ。ロクロを挽《ひ》くというのは、集中力を要するデリケートな作業である。粘土の厚み、柔らかさ、カーブの角度、回転速度。指先から受け取るさまざまな情報を、瞬時に判断して指先に返さなくてはいけない。酒が入ると、情報の返りが遅くなる。粘土の壁の厚みがいびつになり、たちまち破れてしまう。酒気帯び運転の怖さは、ロクロをやってみるとよく分かる。

さて、半年が過ぎて、「湯飲み一〇〇〇個」という当初の目標はどうなったか。そんな退屈なことが凡人に続けられるわけがないのである。湯飲みができるようになれば小鉢が作りたくなる。小鉢ができれば皿が作りたくなる。だいいち、湯飲みばかり持ち帰っても誰も喜ばない。それにくらべて小鉢や皿の場合は、「あら、いいじゃない。煮物を入れると美味しそうよ」などと言ってくれる。家族の声援を背に、凡人は食器作りにいそしむことになる。

「丈の高いものを作らないと、ロクロが上手くならないよ」

先生から忠告されて、筒状の花器《かき》に挑戦することにする。上に高く伸ばしてゆくのは難しい。どうしても途中で土がブレ始める。一度そうなってしまうと、直そうとすればするほどよけいにブレる。たまらず先生に助けを求める。先生は大きくブレている粘土にチョイチョイと手を添えるだけで直してしまう。まさにマジック・フィンガーの持ち主である。感心しながら土と格闘するうちに、そこそこの高さのものができた。先生に見せると、切り糸で上からまっぷたつにした。

「ほら、下のほうがまだ厚いよ。これだけの土なら倍の高さのものを作らなきゃ」

やっと納得のいくものができたと思ったのに、いまいましい限りである。

「まあ、始めて半年にしちゃ、うまくなったよ」

一応のフォローはあったが、悔しい。

先生をアッと言わせてやりたくて、またまた深夜のベランダ陶芸に身を入れることになった。夏の夜風に吹かれながらの作業はなかなかに気持ちがいいのだが、いいことばかりではない。蚊の襲来を受けるのである。蚊の飛行能力には驚くべきものがある。マンションの七階のベランダに難なく飛来してくる。短パンから出た脚は格好の餌食《えじき》となる。叩いてやろうにも、手はドロドロのドベだらけ。それでバシッとやろうものなら、そこらじゅうにドベが飛び散る。汚くしない、という妻との約束が脳裏をかすめる。逡巡しているうちに、着陸した敵機は針を肌の奥深く差しこんでくる。蚊の腹が、吸った血液で黒くなってくる。全身から「ウマイー」という言葉を発散させて、完全に陶酔状態に入る。ここまで我慢してから、僕の逆襲が始まる。ドベのついていない手の甲をソーッと近づけて、一気につぶす。しかし、これではあまりに味方の被害が甚大である。脚も手も血だらけになる。蚊とり線香も試してみたが、風のまわるベランダでは、うまく足のほうに煙が流れて来ない。試行錯誤の末、虫よけスプレーと蚊とり線香を併用することによって、蚊との戦いにも一応の停戦をみた。

ある夜、ロクロを挽く指先に快感があった。土がスッと上に伸びた。指で引き上げるたびに、三センチ、二センチと丈が伸びる。これが限界というところでロクロを止めて、器を切ってみた。下のほうまで薄くできていた。翌週、岡本クンに「スーッと土が上がってゆく感じが分かったよ」と報告した。

「突然、できるようになるんですよね。土が伸びるって、これなんだって分かるんですよね」

岡本クンは、すでに経験済みであった。本当に、ある日突然、女神は微笑むのである。僕の場合は、ちょうど一〇〇時間目くらいだったのではないだろうか。ひとつステップ・アップできた実感があった。

毎年恒例の、「秋の作陶展」が近づいてきた。生徒たちが作った作品の展示即売会だ。僕は初参加である。背の高い器がやっとできるようになったので、花器を作ることにした。教室のロクロで、口の開いたラッパ型のものを挽いた。高さを測ると二五センチあった。今までの最高記録である。乾燥と、本焼きで一五パーセントくらい収縮するから、二一センチほどの高さになるはずだ。底を削ったあと家に持ち帰って、樹木の透かし模様を入れることにする。花器の側面にサインペンで木々を描いてゆく。ぐるっと一周描き終わったら、カッター・ナイフを突きたてて、ラインに沿って引く。三角形や、菱形の粘土片を次つぎに外してゆくと透かし彫りらしくなってきた。休憩するときは、絞ったタオルをかぶせる。こうしておくと乾燥を遅らせることができる。仕上げに、水を含ませたスポンジで切り口を丁寧に拭くと、角が取れて柔らかい印象になる。さらに、花器の口を波形に切ってゆくと……、おお、いいじゃないか。幹、枝、樹冠がシルエットとなって浮かび上がり、木々のたたずまいに見えるではないか。ここまでの作業、書くと簡単なようだが、模様入れだけで休日の一日を費した。妻に感想を聞く。

「これ、何に見える？」

「穴が開いてるのって、面白いわね」

「木が重なってるように見えるだろ？」

しばらく妻は見ていたが、

「やっぱり、穴が開いてるようにしか見えないけど……」

僕は黙って妻の手から花器を奪い取った。これ以上喋ると喧嘩《けんか》になるだけである。

「作陶展」の当日。市民文化ホール七階のギャラリーに作品を運びこむ。僕は透かし模様の花器一点と小皿三枚を出品した。花器は出すかどうか、当日まで迷った。売りたくないのである。でも、人には見てほしい。そういうときは、売約済の赤いシールを貼っておけばいいのだが、そんな奥の手があることなど知らなかった。思い迷った末、出品することに決めたのだが、値段をつける段になってさらに難問にぶつかった。何を根拠に価格を決めればいいのだ。値札のシールに一七〇〇円と書いてみた。しかし、である。あの休日の丸一日の作業が一七〇〇円とは、あまりに安い。ロクロ作業から焼成までの手間を考えると、一五時間はかかってる。「時給一一三円」というのは、人権上からも問題ではなかろうか。忘れていたが、焼成費（一作品ごとに教室に払う焼き代）五〇〇円がかかっている。それを引いて計算すると、時給は八〇円になってしまう。だからと言って、パートの最低時給並みで計算すると、一万円近くになってしまう。隣のテーブルに並んだ岡本クンの急須、一〇〇〇円也に対して、これではいかにも不遜である。原価意識を持て、と仕事では口を酸っぱくして言われているが、趣味をコスト・パフォーマンスで考えてはいけないようである。頭を切りかえて、いくらなら買う人がいるか考えてみる。こういう場合、僕は客観的にみるというのが極端に苦手である。自分が売るのを惜しいと思っているくらいだから、高くても買いたい人がいるに決まっていると思ってしまう。悩みに悩んだ挙げ句、最初に書いた一七〇〇円に焼成費五〇〇円をプラスして、二二〇〇円也の値札を貼った。時給一一三円を認めてしまったのである。

やがて、会場に「お客様」がチラホラと現れ始めた。「いらっしゃいませ」と声をかけるが、たいていは教室の生徒の知り合いである。「××さんのは、どこかしら？」などと聞かれる。「出品するのなら、ちゃんと会場に来て接客しろよな」。のどまで出かかる言葉を抑えて、テーブルまで案内する。

ない。

「うわあ、謙遜なさってたけど、お上手なのねえ」

感嘆の声とともに同意を求められる。ニコニコしてうなずく。うなずくだけで声は出

「ロクロでうまく挽き上げられないのを誤魔化して作ってるから、持つとすごく重いですよ」と、正直に思ったことを言ってみたくなる。明らかに、僕は嫉妬していた。他人への称賛の声に動揺していることに気がついて、自分の性格が嫌になる。

会場を回遊する人の動きを目で追う。自分の展示物の前で立ち止まってくれると、心臓が高鳴る。手に取って見てくれたりすると、ドキドキは最高潮に達する。二人連れで、何か感想を喋っていると、聞きたくて思わず近くまで行ってしまう。

「これ、素敵じゃない？」

「そおーお？　ワタシこういうのダメ」

オラ、おめーの感想なんか聞いてんじゃねえんだよ。このご婦人は、ただ作品に感動して、感嘆の声をお漏らしになっただけなんだよ。スーパーのプラスチック容器をそのまま食卓に出したりしてる手合いが、器の感想なんか喋るんじゃないよ。ほら、ヘンなこと言うから、お目の高いご婦人は僕の作品をおもどしになってしまったではないか。

会場をオープンして二時間あまりが経った。そのころになると慣れてきて、お客さんの一挙手一投足が気にならなくなってくる。それというのも、思っていたほどかんたん

に売れるものではないのである。僕は会場の外に出た。喫煙スペースでタバコをふかしていると、岡本クンが呼びにきた。

「林さんの買われるかもしれませんよ、いいんですか」

妙な言い方をする彼のあとを追って、会場にもどった。六〇歳くらいの派手な服のご婦人が、「安いわねえ」を連発している。品定めをしている手にはいくつも指輪が光っている。

「私、やきものが好きなの。今年も益子《ましこ》に行って四〇万円くらい買ってきたのよ。いいと思ったら、迷わないで買うの。あら、これいいわね。これとこれちょうだい。それから……」

そのとき、天の声が聞こえてきた。

「手塩にかけたわが花器《かき》を、あんなオババの慰み物にされていいのか？　わずかなカネと引き換えにして、お前は一生後悔することになるぞ」

僕は、受付にあった売約済の赤丸シールを摑むと、自分の花器に突進した。先回りして花器の後ろ側に貼りつけると、急いでその場を離れた。僕のコーナーにやってきたオババは、花器を取り上げてグルッと回した。そして、「あらー」と落胆の声をあげた。危ないところで間に合ったのである。そのとき、はっきりと分かった。別に、カネが欲しくて出品しているわけではないのだ。自分の作った作品を、みんなに見てほしいのだ。

感想が聞きたいのだ。そして本当に気に入ってくれたのなら、タダであげたって構わないのだ。オババは岡本クンのコーナーに移った。彼は悠然と応対した。

「これ売約済です。まだシールを貼ってないんですけど……」

「あらー、残念ねえ」

「すみません」

僕より二〇歳も若いのに、岡本クンははるかに大人であった。餌食になったのは、二〇代の女性の生徒だった。

「このテーブルの全部ちょうだい。あ、このお皿は気に入らないからいいわ。残り、全部ね」

「ありがとうございます」という声が、涙声になっている。ライオンに襲われたシマウマの群れのように、逃げおおせた僕たちは、悲しい目をして佇《たたず》むよりほかに成すすべがなかった。受付で精算を始めた。

「四万八〇〇〇円？　安いわねえ。私、益子に毎年行って、五〇万円くらい買ってくるの」

それはもう聞いたけど、さっきは四〇万円じゃなかったっけ？

「あとで届けてくれる？　え、届けてくれないの？　あなた、見ればわかるでしょ。こんな大きな荷物、どうやって持って帰れっていうの？」

生徒の一人、オサジマさんが割って入った。

「私がお届けしますわ。ご住所と地図をいただけますかしら」

「あら、地図なんて書いたことないわ」

「お届けするのに困りますからお願いします。かんたんでけっこうですから」

「ワタシ、ほんと、こういうの苦手なの。こんなので、わかるかしら……」

見事な応対である。立場が完全に逆転している。さすが、女社長のオサジマさん、客あしらいについての場数《ばかず》の踏み方がちがう。

台風オババが去ったあと、僕は売約シールをはがしてから、タバコを吸いに外に出た。先生も灰皿の近くにいた。

「買ってもらうんじゃないんだよな。売ってあげるんだよ。そんなに気に入ってくれたのなら、売ってあげてもいいですよって。俺、いつもそんな気持ちでいるもんな」

先生はそう言いながら、僕と目が合うと吹き出した。先生は、オババを見るとすぐに外に逃げだしてしまったのだ。それにしても、男はだらしなかった。先生も僕も、あのオババにひと言も反撃できなかったんだから。

「林さんの、売れましたよ」

岡本クンが呼びに来た。あわてて会場にもどると、年の頃四〇代半ばの上品な婦人が、花器を手ににこやかに微笑んでおられた。

「これ、本当にいいんですの？　お花を生けてみたくて……」

「この人、お花やってらっしゃるから」

と、連れの方が言った。

「ありがとうございます」

さっきの先生の話とはまったく反対の、「買っていただける」うれしさでいっぱいになった。

「うれしいわ、でも、もっと若い方に買って欲しかったんじゃありません？」

不意打ちをくらって、思わずうなずきそうになって、あわてて否定するていたらく。はじめて作品が売れた記念に、岡本クンがツー・ショットをカメラにおさめてくれた。そのときの写真は今も手元に残っている。婦人の横で、ニターッと、やに下がったアホ面の僕が写っている。名前くらい伺っておけばよかったのにと思う。

お買い上げの品を新聞紙でくるんで、紙袋の手提げに入れて渡した。くるむとき、もう一度じっくりと見た。もう二度と会えない花器を、しっかりと覚えておこうと思った。

婦人は受け取りながら、本当にうれしそうだった。

「だいじに使ってやって下さい」

ちょっとキザかなという気もしたが、そんな言葉が口をついて出た。

僕はちょっと感傷的な気分になっていた。仕事でＶＴＲにＣＭを一本プリントしてあげるのとは意味が違う。ひとつ渡してしまったら、もうあとには何も残らない「陶芸」というもの。あ、二二〇〇円が残ったか。それも、焼成費を引くと一七〇〇円。さらに、予定外の会場費五〇〇円を引かれて、手元に残ったのは一二〇〇円。

会場を片づけたあと、家路に向かった。あんなに気に入ってくれるのなら、いっそのことタダで差し上げればよかった。チャリチャリと小銭がポケットの中で鳴った。

織部《おりべ》に挑戦

「県展に出してみたら？」。先生に、そうけしかけられたのは、秋の気配が漂いはじめたころだった。

「いま作ってるやり方で、大きいのを作ればいいよ」

先生は、僕の作りかけの小鉢を指さして言った。千葉県主催の展覧会への出品なんて、考えてもみなかった。

「七キロくらいの粘土でやってごらんよ」

径四〇センチくらいのものができるはずだという。

「ムリですよ、そんな大きいの。まだ始めて半年ちょっとですよ」

と、その場は冗談半分に受け流したが、やがてフツフツと意欲が湧いてきた。ダメでいいじゃないか。搬入期限までの二カ月、大物に挑戦してみればいい。入選のレベルには達しなくても、今よりずっと上手くなるはずだ。そう考えることにした。

材料店に電話を入れ、信楽《しがらき》の白土を宅配便で送ってもらう手配をした。教室で使っているのと同じものだ。

本で得た知識であるが、備前《びぜん》で備前焼が、唐津《からつ》で唐津焼が生まれたのは、その地域に埋まっている粘土の性質による。たとえば、備前焼は土の素朴な味わいが魅力であるが、備前は釉薬《ゆうやく》を掛けないのではない。備前の粘土には、釉薬が掛からないのだ。焼いたときの収縮率が大きいために、掛けても剝《は》がれ落ちてしまう。その土地でとれる粘土の性質が、やきもののすべての始まりだった。

今、宅配便がやきものに革命を起こしているのは間違いない。東京で備前が焼ける。九州で信楽が焼ける。地元で掘った土をこね、地元で焼いた木の灰を釉薬として使っている陶芸家からは、本物の××焼とは認めてもらえそうもないが、土の素性《すじよう》からいえば、たとえ益子で焼いても「備前焼」であったりするわけだ。逆に、その地方の土を使っているからといって、作っている側には××焼という意識がない場合もある。僕にしても、そうである。扱いやすいから信楽の粘土を使っているにすぎない。やきものをやっていますと言うと、「何焼ですか？」とよく聞かれる。

「何焼っていうか……うーん、粘土は信楽を使ってますけど……」

「信楽焼ですか」

「いえ、別にそういうわけでは……あの、まあ、言ってみれば、『ハヤシ焼』ですかねえ」

もったいぶった言い方にとられるとイヤだなあ、と思いながらもこういう受け答えになってしまう。とくに僕の場合は、絵と火が好きで陶芸を始めたから、何焼とかいう意識はまったくない。油絵の展覧会で、このキャンバスの素材は何ですか、と聞かれるようなもので、かなり困ってしまうのである。

さて、先生にそそのかされてやる気になってしまった県展である。粘土を注文して一週間後に、二〇キロ入りの袋が二個届いた。体重計をベランダに持ち出して、七キロを切り分ける。初心者のうちは、体重計できちんと計ってから始めるようにと教わった。どのくらいの粘土で、どの大きさの物が作れるかが早く覚えられるから。荒練《あらね》り、菊練《きくね》りをして、砲弾形にまとめる。七キロともなると、まるで格闘技である。ふうふう言いながらの難行であるが、運動不足の身にはちょうどいい。

大物は「一本挽《いっぽんび》き」である。ひとつの固まりから、いくつも作るのではなく、一個だけを挽くやり方だ。ロクロの円盤の上に、ダンゴ形に丸めた粘土を三か所に置き、カメ板という円形の板をのせる。上から拳《こぶし》で叩いて密着させてから、七キロの粘土をのせる。大物のロクロ挽きにはカメ板を使う。でき上がってからカメ板ごとはずして移動できるからだ。カメ板なしで動かすと、挽きたての器は変形してしまう。

さて、大きくてもロクロ挽きの基本は同じだ。筒形に挽きあげたあと、縁《ふち》から外に倒してゆけばいい。とは言っても、いつもの小物とはスケールが違う。筒を作る段階で、薄いところができてグニャグニャになったり、大きくブレて手がつけられなくなったり。やっと筒ができても、縁を倒してゆく途中で亀裂が入ってしまったり。その時点で、振り出しにもどってもう一度。粘土を練り直して、ふたたびロクロに向かうことになる。やっとのことで何とか納得のゆくものができたが、ひとつだけでは心もとない。底の削りで失敗したり、乾燥中にヒビ割れすることもあるだろう。予備にもうひとつ作っておくことにする。

ところが、でき上がったふたつをくらべてみると、予備で作ったもののほうが断然形がいい。あとから作ったほうが出来がいいというのは困ったものである。大物に慣れていないから、作っているうちに上手くなってゆく。さらに、同じ分量の粘土でも、より薄く挽けるようになるから、大きなものができるようになる。もうひとつ作る。最初に仕上げたものをつぶす。そのくり返しになる。締め切り日をにらみながら、乾燥、素焼き、本焼きに要する日数を逆算してみる。ロクロで成形したあと、削りまでに三日、完全乾燥するのにさらに一〇日かかる。素焼き、本焼きは先生の都合しだいだが、一週間はみておいたほうがいい。最低でも計三週間かかることを考えると、ロクロ作業はそろそろ終わりにしないと間に合わなくなる。あとひとつ、あとひとつだけと続けてきたロクロ挽きを切り上げることにする。正直いって、ホッとした。締め切りがもっと先だったら、止まらなくなってしまうところだった。約一か月間、平日の夜と休日を使って二

○個くらいはトライしただろうか。口径四○センチ、高さ一五センチあまりの鉢が二個残った。

触ってみて、ベタベタしなくなったら、鉢の縁にラップを巻く。縁から乾いてゆくから、均一に乾燥させるためである。ポリエチレンの大きなゴミ袋で鉢をくるむ。袋の天井部分を十字に切る。乾きにくい底の部分の乾燥を早めるためだ。このあとの細工は、深夜か早朝にやればいい。仕事に追われて、しばらく手つかずの状態になるようなら、ゴミ袋の上に、もう一枚ビニールをかけておけば、かなり乾燥を遅らせることができる。

さて、どこに置いておくかが問題だ。直射日光が当たらず、平らな広いスペースがあって、不注意で蹴っ飛ばしたりしない場所――。となると、食卓しかない。ダイニングテーブルにふたつの鉢を置いたのであるが、その日のうちに当局からクレームがついた。当たり前である。食事どきの撤去を余儀なくされた。製作途中の大鉢は、それから放浪の旅を続けることになった。食事どきには風呂蓋の上。風呂のときには、僕の部屋のカーペットの上。動かすたびに粘土のカケラがパラパラと落ちて、ハンド・クリーナーでガーガー掃除することになる。細心の注意を払って移動させているが、そのうち何かにぶつけでもしたら一巻の終わりだ。窮すれば通ずで、娘の部屋の二段ベッドの下に幅二五センチほどの空間があるのを発見した。まったく利用されていないスペースである。「勝手に私の部屋に入らないで」、などと言いだす思春期突入はまだ先のようで、多少は嫌がられたが、了解を取りつけることができた。身の置き所がなく、肩身の狭い思いをさせたわが作品も、やっと安住の地を得たのである。

粘土が柔らかいうちに細工を施す。ロクロを挽きながら、文様《もんよう》をどうするか思案してきた。岡山の実家に帰ったときに見た、池の水面を覆っていた菱をモチーフにする。その場で描いたスケッチをもとに、粘土で押し型を作ることにする。葉と茎になる押し型を五、六個作る。角の生えた、鬼の面のような形をした菱の実も同数ほど作った。さらに、小鮒の泳ぐ姿を真上から見たものも一〇個くらい。これらは一日で乾燥した。まだ柔らかい鉢に葉の型を押してゆく。五、六枚の葉を円く散らす。中心から放射状に茎と実を押して、葉につなげる。大小二株の菱ができた。そのあいだを縫って泳ぐ小鮒の群れを、ゆるやかなSの字状に押してゆく。

これに教室の織部《おりべ》釉が掛かれば、焼き上がったときには全体が緑に発色する。型を押した部分に釉が溜まって、深い緑になるはずだ。静寂《せいじゃく》を湛《たた》えた池に、一瞬見える小鮒の群れ。静と動。時間が止まる真夏の午後——。いいじゃないか。

ロクロ挽きから一〇日が過ぎ、完全に乾燥してから愛車のトランクに入れて教室に運んだ。翌週、素焼きしてもらった鉢に織部釉を掛ける。今まで大物に釉薬を掛けたことはない。ここで失敗したら、これまでの苦労が水の泡になる。「先生、やって下さいよ」と、言ってみたがダメだった。

「自分のなんだから、自分でやんなきゃ」

とはいえ、大物になると釉薬を掛ける役と、作品を回転させる役の二人がかりになる。掛ける役を先生がやってくれることになった。両手で縁を持って、先生の方に底を向ける。両手をグルッと回して交差させる。これが「ヨーイ！」のポーズ。「スタート！」で、巻きもどすようにゆっくりと回す。何度か練習したあと、覚悟を決めた。

「先生、お願いします」

ボールに用意した釉薬を先生が持つ。

「いいね」

「いいです」

「はい、回したー」

鉢を回転させる。

「ゆっくり、ゆっくり」

先生の掛ける釉薬が、下のタライにジャージャー落ちて飛び散る。

「もっと、もっと回してー」

腕を思いきり交差させるが、これ以上は回らない、と思ったとき、釉薬の落ちる音がやんだ。

「うん、うまくいった」

先生の声に、恐る恐る覗きこむ。均一にきれいに釉薬が掛かっている。緊張が一気に弛《ゆる》んだ。

翌週、教室に行くと、窯《かま》の蓋が五センチくらい開いていた。焼成が終わったのだ。窯の中は、まだ五〇〇度以上の高温である。蓋を少しずつ開けて冷ましてゆく。急に冷気が流れこむと冷め割れする。早く見たい。隙間から覗きこむが、暗くて何も見えない。目を凝らして見ようとするが、熱気で長くは続かない。

五時間あまりが経過して、一五〇度まで下がった。いよいよ窯出しである。先生が僕の鉢を運んできて、テーブルの上に置いた。顔を近づけると、まだ熱気がムッとくる。耐熱手袋をはめて、持ち上げて裏を見る。大丈夫、底も割れていない。イメージどおりとは言えないが（なにしろ、イメージでは歴史に残る名品になるはずだったのだから）、織部釉の緑がきれいだ。ただ、釉薬が流れて溜まった部分に汚れのようなものがあるのが気になった。

「織部はあんまりやったことがないけど、酸に漬ければとれると、本に書いてあったよ」

「酸ですか？」と、僕。

「酢で大丈夫だと思うよ」

家に持ち帰る途中、コンビニで酢を一瓶買った。バスルームに持ちこんで、中瓶一本分を作品の大鉢にあけた。翌朝、バスルームには酢の匂いが充満していたが、肝心の鉢には何の変化もなかった。県立美術館に搬入するために、一〇時には先生を迎えにいく約束だ。急ごう。しかし、この匂いを何とかしなくては。水道の蛇口をいっぱいにひねって、ジャージャー洗ったが、いつまでやっても鉢からはツンと鼻を突く匂いが立ちのぼった。

ワゴン車に鉢をのせて教室へと向かった。先生は大壺《おおつぼ》を出品する。すでに、唐草模様の風呂敷で包んであった。陶芸作品の搬入は、そうするものらしい。プロっぽくていいな、と思った。

「汚れはとれなかった？　やっぱりじゃないでしょうが。やっぱり」

一二〇〇度以上で焼いたものに、酢が通用するわけがないと疑いながらも、先生が言うからやってみたんでしょうが。

「うわ、ニオイすごいね」

「……」

搬入場所に向かうあいだ、僕が無口になったのは当然である。

県立美術館の駐車場は、出品する人たちのクルマで満車状態で、しばらく待たされた。二〇〇号はあろうかという油絵を頭上に掲《かか》げて運ぶ人、先生のように風呂敷に包んだ作品をクルマから降ろす人。県下の「芸術家」が集まって来ていた。陶芸作品の搬入会場に入り、受付の順番がくるのを並んで待った。手続きを済ませた作品が、会場に並べられてゆく。それらがみな立派に見えた。剝《む》き出しで抱えている自分の作品が、いかにも下手くそに思えた。高さ五〇センチを優にこえる大壺もあった。とてもあんな大作には太刀打ちできない。手続きを済ませて会場をあとにしながら、劣等感から立ち直れなかった。

「僕のダメですよ、スゴイのがいっぱい……。あの壺、デカかったですね」

「大丈夫だよ、たぶん入るよ。あの壺は上手くないよ、形がまずいもん」

先生は励ましてくれたが、会場での自信喪失が尾を引いていた。

「通知が来たら電話ちょうだい、入っても落ちても」

教室まで先生を送って、自宅に帰った。とても、教室でロクロをやる気にはなれなかった。

一〇日後、通知が届いた。入選だった。教室に電話を入れると、祝杯をあげようということになった。もちろん先生も入選した。先生の行きつけの居酒屋に行くと、マスターと女将さんが「おめでとう」を言ってくれた。そして、したたかに酔った。こんな酒を、また飲みたい。こんな酒を飲むために、またがんばろう。

やがて開かれた展覧会の初日。父の、夫の晴れ舞台である。「とーげーにんげん、ジジイがあつまるー」。どこで覚えたか、娘がピンク・レディの替え歌を歌って抵抗したが、同行するのは家族の義務である。三人で揃って出かけた。

美術館の展示室に並んだ、わが作品と久々の対面をした。受付で目録をもらう。入選率を確かめると、何と九割以上の人が合格していた。「見せて」という妻の言葉を無視して、目録をポケットにしまう。少しありがたみは薄れたものの、始めて一〇カ月での入選は快挙である。快挙だと思うけどなあ。それに、何より、格闘した二カ月間で、こんなに大きなものが作れるようになったのがうれしい。搬入のとき、僕を威圧した大壺は、会場のどこにもなかった。「あれに勝ったんだ」。そう思うと、微かに自信が湧いてきた。僕の作品、「菱文様《ひしもんよう》織部《おりべ》大鉢《おおはち》」は、ライトを浴びて澄ました顔で鎮座していた。そっと顔を近づけてみたが、酢のニオイは消えていた。

陶芸の面白さと深さ

陶芸に出会ってから丸二年が過ぎた。その間に、僕が教室や自宅のベランダでどんなことをしてきたか、主に作業にしぼって話してみようと思う。

教室ではみんな自由に好きなことをやっている。僕のようなロクロ派もいれば、手びねり派もいる。食器や花器を作る人が大半だが、人形やオブジェに挑戦する人もいる。陶芸の基本は教えても、それ以上は本人のやる気しだい、というのが先生の基本方針である。生徒につきっきりで教えるというのではなく、むしろ自分の仕事をしていることのほうが多いくらい。僕にとっては手取り足取りで教わるよりも、そのほうがありがたかった。自分でやっていて分からなくなったとき、すぐそばに実演中のお手本があるのだ。先生が作業しているところに行っては、しゃがみこんでじーっと見たり、疑問に思うことを聞いてみたり。この、見て習うというやり方はとても大事なことだったと思う。たとえば、ひとつの湯飲みを仕上げるまでに、先生はひとつひとつの工程を、流れるようにこなしてゆく。くり返し見ていると、知らず知らずのうちに、その動作が自分の中に写しこまれてゆくように思う。基本技術というのは、真似ることでしか習得できないものだ。

酒をあいだにしているとき、冗談半分に、

「先生は教えるのが嫌いだから……」

ともらしたら、

「嫌いじゃないよ、聞けば何でも教えるよ。聞かなきゃ教えないけど。疑問点が出るということは、『分からないことが分かる』段階までレベルが上がっているんだよね。そこまで行ってないなら、教えたって意味がないから」

そう先生は答えた。

「分からないことが分かる」という言葉が、実感として理解できた。ロクロの挽き方、削り方、釉薬の掛け方などが、少しずつ分かってくると、また分からないことが出てくるのだ。

「低レベルで満足してたら、何の疑問も出てこないよ」

上手になりたいと思っている生徒には何でも教えるが、そうでなければ教えない。僕は、自分の下手くそさに関しては人後に落ちない自信があったから、質問ばかりしていた。

教室には土日のどちらかは欠かさず通った。湯飲みに始まり、小鉢や小皿、徳利《とくり》、急《きゆう》須《す》、片口《かたくち》なども作った。本当は、最初の一年間くらいは湯飲みだけ作ったほうが、あとの上達が早いのだが、これには強い精神力がいる。今度は何を作ってやろうか、という誘惑には勝てなかった。自分としては新しいものに挑戦しているつもりでいたのだが。

基本の湯飲みをいい加減に切りあげたために、ロクロがなかなか上手《うま》くならない。徳利を作っても、腰のあたりに粘土が厚く残ってしまう。外側からはいい形に見えても、中がずんどうだ。

「こんなの残しても……」と、先生が言うのを無理にたのんで焼いてもらった。しかし、けっきょく、徳利としては使い物にならなかった。徳利の腰の重みに、酒の重さが負けてしまう。振ってみても、酒がどれだけ残っているのか分からない。

「器は中がだいじだよ。中にものを入れるんだから」

先生の言うとおりである。

教室に通いはじめて二年も経つと、家に持ち帰ったやきものも、かなりの数になる。気がつくと、食卓には僕の作ったものばかりが並ぶようになった。

「やっぱり、いつの間にかそうなるんだなあ」

テーブルを見渡してそういうと、妻はあきれた顔をした。

「なに言ってるのよ。気をつかって出してあげてるんじゃないの」

なるほど、そういうことではあるらしい。

しかし、ときおり、「前からあるので、気に入らないの捨てちゃおうかな」と言うところをみると、僕の器もまんざらではなさそうだ。ときどきリクエストがあって、小鉢なども作る。「浅漬けのキュウリやナスが映えるのは、黄色系の器かな」とか、「煮物はベージュやグレー系の地味なのが多いから、黒の器なら色が生きそうだ」などと考える。盛られたときにピッタリ合うとうれしい。

いちど、土鍋を作ってくれと言われて、「そんなもの作れるか」と喧嘩になりそうになったが、魯山人の作った一人用の「どじょう鍋」を展覧会で見て認識を改めた。鍋をバカにしてはいかんと思った。しかし、土鍋はまだ作っていない。

片口は気に入ってたくさん作った。注ぎ口のついた鉢だが、僕の小さいころ田舎の家でも、醤油樽から小分けにするときなどによく使っていた。片口は使い勝手の良さが身上だ。冷や奴を入れても水切りが楽だ。煮物をいれてもしっくりくる。丸鉢や角鉢の並んだ中に、片口がひとつ入ると破調が生まれて、なんとなく気持ちが落ちつく。酒を入れて出すと、食卓のおもむきがガラッと変わる。黒天目釉《くろてんもくゆう》の漆黒《しっこく》が光の屈折で浮かびあがり、たゆたうさまを眺めていると、しみじみ酒は美しい飲み物だと思う。

酒で思い出したが、自作のぐい呑みで飲《や》る幸せはやみつきになる。手の中でもてあそんでいるうちに、ふとしたはずみでロクロ目が指にピタッとくることがある。あの感触は何と表現したらいいのだろう。ロクロで挽くとき、指が横に走ることによってできる窪《くぼ》みがロクロ目だ。その窪みに、ふたたび指がピタリと納まる瞬間。「指の記憶」とでも呼びたい懐かしさが、触れている指先から酔いのまわり始めた脳に伝わってくる。中指と薬指が、器に吸いつくようにフィットする。しかも、二本の指はごく自然な位置に落ちつく。懐かしい「指の記憶」とともに飲む酒はうまい。

最初の一年間、教室の窯《かま》は酸化焼成だけだった。教室にはさまざまな釉薬があり、色とりどりのやきものができた。緑の「織部《おりべ》」、油揚げ色の「黄瀬戸《きぜと》」、「黒天目《くろてんもく》」、「飴釉《あめゆう》」、ルリ色の「瑠璃釉《るりゆう》」、褐色でツヤ消しの「伊羅保《いらほ》」……。同じ釉薬を掛けても、赤土と白土ではまったく違う色にあがる。水簸《すいひ》した粒子の細かい粘土と、そうでないものとでも調子が変わる。たとえば、水簸された白土に掛けると、飴釉はツヤのあるべっこう色に発色する。砂混じりの白土の場合は、削りのとき砂の粒が横に動いて細かい溝がたくさんできる。飴釉を掛けると、その溝に釉がたまって黒褐色に発色する。ふたつの色のコントラストが美しく焼き上がる。

そのうち、先生は還元焼成にトライするようになった。バーナーでプロパンガスの火を吹きこんで、窯の中の酸素を奪う焼き方だが、焼き上がりの表情がガラリと変わった。風格が出て、土の持ち味が生きているように思えた。焼成費は還元のほうが五割ほど高かったが、僕は大半を還元で焼いてもらうようになった。窯が開いて作品が出てくると

少しずつ、いろいろなものにトライしはじめて

2年ほどすると大物が作れるようになった

きには、いつもドキドキした。

県展に挑戦してからは、四〇センチ以上の大鉢を作るのが面白くなっていくつも作った。粘土代と焼成費は、月謝とは別途である。粘土は一キロ五〇円、焼成費もずいぶん安く設定されていた。器の径をタテ軸に、高さをヨコ軸にした表が壁に貼ってあって、自己申告である。小皿五個で一五〇〇円くらいになった。僕が大鉢を作るようになると、表にないサイズになってしまった。

「四五センチなんて作る生徒がいるとは思わなかったよ。うーん、じゃ二〇〇〇円でいいや」

こんな調子で焼成費を決めてくれた。

ある日、教室に顔を出すと表が新しくなっていた。相変わらず径四〇センチまでしか載っていなかったが、焼成費が値上がりしている。五〇パーセントほどの急騰である。

「子供が生まれてから、物入りなんだよ」

こんなときに威張って言うのが先生のいいところである。値上げしても、他の教室にくらべるとまだまだ格安だったのではなかろうか。

さて、いくつも作った大鉢は、わが家では果物入れとして使っている。陶器に入れておくと、どういうわけか鮮度が保てるようで、いつもいい匂いが漂っている。夏は出番が多くなる。水を張った大鉢に氷をぶちこんで素麺を泳がせると、これがなんとも美味《うま》い。五〇センチ近い大鉢になると、まるで流氷のなかで泳ぎながら食べているような爽快な気分になる。

教室では小物を主に作り、家では大物や手のかかるものを作った。僕が家でも作業するようになった理由のひとつは、家にロクロを買ったことだ。せっかく買ったのだから、使わないのはもったいない。この「もったいない」、「もとを取るのだ」というところに自分を追いこむのが、本気の趣味を始める場合、あんがい大切なことではないかと思う。

家で作業するもうひとつの理由は、「白化粧・掻《か》き落とし」という、やっかいな技法を好きになってしまったことだ。白化粧は、「カオリン」と呼ばれる白土で作る泥漿《でいしょう》だ。赤味の強い粘土で形成した器に白化粧を施したあと、文様《もんよう》をヘラで描く。周囲の白化粧を陶芸用のカンナで掻き落とすと、文様が白く浮かび上がる。個人的には「掻」という字が、なんだか品がなくて、「描き落とし」と書きたいところである。しかし、中国・北宋《ほくそう》（九六〇—一一二七）の時代に考案された技法なので、勝手に名前を変えるわけにもいかない。白化粧は、のちに自分で調合するようになったが、当時は自分で作れるなんて思ってもみなかった。先生に分けてもらおうと、教室に大型のペット・ボトルを持って行った。「これに一杯もらいたいんですけど、いくらですか」と聞いてみた。呆れ顔ながら、「いいよ、あげるよ」と言ってくれた。予想どおりであった。

高台《こうだい》を削り出したあと、半乾きの器に白化粧を杓《ひしゃく》で掛ける。白化粧に含まれた水分が器にしみこむ。このとき、器が乾きすぎていると、粘土の粒子をつなぎ止められなくなって、亀裂が入る。逆に、乾燥が足りないと、粘土が水分を含みすぎてへたってしまう。それも、掛けた直後ではなく、しばらくしてから壊れる。後片づけを終わって一息ついたころにグニャリとくるのだから、心理的打撃は強烈だ。この作業が無事に終われば、加わった水分が抜けるまで乾燥させてから、ヘラで文様（たとえば花の）を線彫りして、そのラインの外側をカンナで削り落とす。筆で描くのとはおもむきの違った、立体感と力強さが表現できるのだが、乾き具合には絶えず注意を払っておく必要がある。

僕が家でも作業することになったのは、技法上の制約ということもあるが、それだけではなく性格的なものもあるようだ。教室でも、やろうと思えば大物に挑戦することはできるし、じっさいかなり手のこんだ大きな作品を仕上げてしまう生徒もいる。先生のアドバイスを常にもらいながら作れるなら、それにこしたことはない。だが僕は、ものを考えたり、作ったりする姿を他《ひと》に見られるというのが苦手だ。大勢《おおぜい》がいるところでの作業は、どうしても気が散ってしまう。教室で堂々と作っている生徒のことを、ときに羨ましく思うことがあった。

最初の二年間ほどは、今から思えば「陶芸のようなこと」をやっていたに過ぎないかもしれないが、つぎからつぎに発見があって充分に面白かった。レベルが低ければ低いなりに、傑作ができたと自己満足できるのが陶芸のいいところなのである。

3　さらに一歩すすんで

入門書や専門書を選ぶには

陶芸を始めて一年ほどのあいだに、四、五冊の入門書を読んだが、何冊も買う必要はないというのが僕の結論である。どれも基本的に同じなのだ。粘土のこと、成形《せいけい》のこと、釉薬《ゆうやく》のこと、焼成《しょうせい》のこと。それぞれについて、必要最低限のことを伝えようとすれば、似てくるのは仕方がない。あれもこれもと手を出すより、一冊をくり返し読むほうがためになる。それに、あまりアタマでっかちになると、陶芸教室の先生に煙たがられる恐れもある。

道具にしても、地域によって呼び名が違うことがあり、瀬戸の人が書いた本などでは、「切り糸」のことを「シッピキ」と呼んでいる。

「先生、シッピキの使い方は、これでいいんでしたっけ？」

「シッピキ？　何それ。へえー、瀬戸じゃ、そんな言い方するの。林さん、また、本なんかでベンキョウしちゃってー」

僕の先生の場合は、茶化してくれるからいいようなものの、自分のことをエライと思ってるセンセイの場合だと、険悪になることだってありそうだ。ウデが上がるにつれて、知りたいことも増えてくるから、まず先生に尋ねて、もっと知りたければ詳しく書いてある本に当たればいい。先生には、どんどん聞くべきである、と他人にはアドバイスできるのだが、何かを始めるにあたって、本から入ってしまうのは僕の習性である。入門書を何冊も読んでみて、けっきょく、みな同じだと気がつき、同時に物足りなさを感じていた。

そんなある日、会社の昼休みに行った八重洲ブックセンターの陶芸書コーナーで、『陶芸の伝統技法』という専門書を見つけた。茶色の箱に入っており、本体にはパラフィン紙が掛かっていた。一九七八年の初版で、一五版を重ねている。陶芸を志す多くの人がこの本を指針としてきたことが、版数から窺《うかが》えた。ページをめくってみると、見慣れない表や数字や専門用語が並んでいる。読み通すことができるだろうか。五〇〇〇円をドブに捨てることにはならないか。しかし、読みこなすことができれば、陶芸のすべてに通暁《つうぎょう》できそうだ。さまざまな思いが頭の中を駆けめぐって決断できず、書棚に本をもどした。見に行くこと三度、手に取ること四度で、ついに購入を決めた。

毎日の通勤電車、片道三一分が「お勉強」の時間となった。もともと、ボーッと電車に乗っているというのができないタチで、以前から電車は僕の「読書室」だった。それからの二カ月間は『陶芸の伝統技法』一冊だけを、くり返し読んだ。思えば、受験勉強のテクニックが役に立った数少ないケースであった。苦手な教科の克服法を応用したのである。僕があみ出した「くり返し読書法」。信用できる参考書をひとつ選んで、通読で構わないから一回目を読み終える。よく分からなくても、とにかく目に入れることが大事と割り切って前に進む。完璧にやろうとすると、前に進めなくなってしまう。二回目になると、難しい言葉も、すでに顔なじみだ。はじめて出会ったときには歯が立たなくても、全体が分かってくれば理解できるようになる。三回目で完璧、四回目でダメ押しをする。この「くり返し読書法」は、僕のようなほんらい勉強が得意でない者が受験勉強するのに、もっとも効果的な方法だったと信じている。おっと、余談が長くなってしまった。それにしても、あのやり方は効果があった。娘が受験期になったら教えてやろう。

二カ月かけて『陶芸の伝統技法』を四回読み通すうちに、「陶芸」という世界で語られていることが、しだいに分かってきた。陶芸とは、化学と技術と芸術の融合なのであった。

『陶芸の伝統技法』のあと、同じ著者による『陶芸の釉薬——理論と調製の実際』という本も、四回読んだ。この本の中で、久しぶりにZn（亜鉛）とか、Fe（鉄）とかの化学記号に出会った。高校の化学の時間以来だ。高校二年で物理がまったく分からなくなり、憧れのエンジニアへの道をあきらめた経緯が頭をよぎる。物理のおかげで、化学まで嫌いになってしまった。まさか陶芸の本で化学記号に再会するとは思わなかったので、亡霊に出会ったようでゾッとした。

ところが、である。陶芸という視点からの化学の話は面白いのである。窯の焚《た》き方を変えると、釉薬に含まれている酸化金属の性質が変わって、まったく違う色のやきものになる。たとえば、銅（Cu）を使った釉薬。酸素をじゅうぶん取り入れて完全燃焼の状態で焼くと緑色。「織部《おりべ》」の色だ。一方、不完全燃焼の場合は、酸化金属が還元されて紅に発色する。「辰砂《しんしゃ》」と呼ばれるものがこれだ。

高校の授業で「酸化と還元」を習ったときには、「金属の性質が変わったから」といって、それがどうした」という気がしたが、陶芸の場合はやきものの色がまったく変わってしまうのだ。炎ボーボーで焚くと緑になって、煙モクモクで焚くと紅になるというのである。まるで錬金術のような、ワクワクする化学の世界だった。

二冊読むのに、四カ月ほどかかったが、読みこんでおいて良かったと、後《のち》のち何度も思ったものだ。本からの知識と実践とはたしかに違う。しかし、基本が分からないと、調合をどう変えれば自分の求める釉薬に近づけられるのか、手も足もでなくなる。

専門書が一段落すると、陶芸家の自伝にも目を通してみた。自伝で、もっとも琴線に触れたのは加藤唐九郎《かとうとうくろう》（一八九七―一九八五）のものだった。「プレイボーイ」のロゴ入りトレーナーを着て、ロクロをまわす姿を、ずっと昔に雑誌で見たことがあった。ヘミングウェイのような、カッコイイじいさん、という印象だった。箱入り、布で装丁された、立派な自伝を開いて驚いた。一ページ目の、筆者近影が、まさにその写真だった。自伝に使うということは、本人がいちばん気に入っている写真ということだろう。

幼少からの魂の変遷を読み進むうち、氏の人間的魅力の虜《とりこ》になった。聡明さと、茶目っ気と、多少のハッタリと正直さ。八〇代の陶芸家に、プレイボーイのロゴが似合ってしまうのが納得できた。論の進め方の明晰さ、物事の本質を摑む能力は天性のものだろう。そして、衰えを知らない好奇心。そのエネルギーは、どこから生まれてくるのかと思う。東芝製の日本語ワードプロセッサ一号機（一号機なのだ!）を、一九八二年に購入している。巻末の年譜と照らし合わせてみて驚いた。唐九郎、なんと八四歳のときである。ワープロなどと気安く呼ぶようになるはるか以前、キーボードつきのデスクにテレビがのったようなスタイルの一号機を購入し、しかも情報整理のために使いこなしていたというのだ。

氏は、文筆家になっても、学者になっても、当代随一《ずいいち》の人物になっていたのではないだろうか。現に、自分のためにつけていたメモが母体となった、『陶器大辞典』全六巻（宝雲舎・一九三四〜三六）を編集している。これは、プロの編集者が取り組みながら頓挫していたのを、自ら陣頭指揮して出版にこぎ着けたもの。困難な編集作業に、氏は複式簿記のやり方を持ちこんだ。原稿の動きに応じて、借方《かりかた》伝票と貸方《かしかた》伝票を切ることで、進行状況が一目で分かるようにしたという。自伝では、そのあたりのことも詳しく書いてあるのだが、そういうことが不得手な僕には、説明されてもチンプンカンプン。それはともかくとして、別の分野の方法論を目の前の問題解決に応用できるというのは、本当の意味での「頭のいい人」である。

僕が持っている『原色陶器大辞典』は、『陶器大辞典』をもとに、新たに一冊にまとめられたものだ。コンパクトになったとはいえ、ページ数一〇三七、重さを計ってみたら、二・八キロあった。カラー写真ふんだん、細かい文字びっしり。睡眠薬代わりに、ときどきベッドに持ちこむが、うつ伏せにならないと、重くてとても持っていられない。仰向けで睡魔に襲われた場合、顔面打撲の凶器と化す恐れのある代物である。

唐九郎の自伝は、とにかく面白い。創作がたくさん入っているのでは、と思わせるほどのエンターテナーだ。笑わせる話、胸に迫る話、それぞれにふさわしい語り口の技が駆使されている。それは、やきものを作るときの手法と同じやり方なのではないだろうか。作品のテーマが決まったあと、それにふさわしい表現に絞りこんでゆく。同時に、見た人が同じ感動を共有できるかどうかの検証がなされる。「どう表現すれば、どう伝わるか」というフィードバックの能力が人並みはずれた人なのだろう。唐九郎作品の魅力は、文章と同様、その優れたエンターテインメント性にあるというのが、僕の勝手な思いこみである。

そのほかの陶芸家の自伝、評伝もいくつか読んだ。荒川豊蔵《とよぞう》、浜田庄司《しょうじ》、バーナード・リーチ、川喜《かわき》田《た》半泥子《はんでいし》、富本《とみもと》憲吉――。川喜田半泥子の評伝、『おれはろくろのまわるまま』は楽しく読んだ。戦前、百五銀行の頭取を二十数年務めながら、プロの陶芸家でさえ、これほど多数の茶碗を作った者はあるまいといわれた「偉大なるアマチュア」。

もう一人の「偉大なる素人」、北大路《きたおおじ》魯《ろ》山人《さんじん》は、もっとあとになって僕の興味が食にまで広がってから、とても面白く読んだ。美味《うま》いの、不味《まず》いのとグルメぶるのは、みっともないことだと敬遠していたのだが、魯山人の場合は壮絶なる食への傾倒ぶりで、その欲求へのエネルギーには圧倒された。料理の「きもの」としての食器にも、その天才ぶりを発揮して、さまざまなやきものに挑んでいる。魯山人はロクロが挽けなかったという説があるが、挽く必要もなかったようだ。腕のいい陶工《とうこう》に挽かせて、魯山人が手を加えて仕上げるという方法をとっていた。ハードの部分は職人に任せて、ソフトの部分だけを追求する。いわば、アートディレクター的な仕事の進め方である。

魯山人は信楽、伊賀、織部、備前、志野《しの》、美濃《みの》、唐津といった陶器だけでなく、磁器も手がけている。加飾《かしょく》も、侘《わ》びた鉄絵《てつえ》から、染付《そめつけ》、さらに絢爛《けんらん》な金襴手《きんらんで》まで、何でもござれの融通無碍《ゆうずうむげ》。一人の人間が、これほど多彩で、多作（十数万点の作品を作ったとも言われる）、しかも本質を捉えたものを作ったことに驚かされる。「魯山人の作品は、何かの真似だ」と、揶揄《やゆ》されたときのセリフがふるっている。

「やきもの作るんだって、みなコピーさ。なにかしらコピーでないものはないのだ。但し、そのどこを狙うかという狙い所、真似所《まねどころ》が肝要《かんよう》なのだ」

古いものの中から、自分の審美眼にかなったものだけを現代に提案しているのだ。それができるのはオレひとり、ということだろう。「自分以外は、みんなバカ」と思っていたようなクソジジイぶりが痛快だ。

さまざまな陶芸家の自伝を読みながら、僕の好きな人物には共通点があった。広い視野を持ち、陶芸を自己表現の場と捉えている人。そして、自分の惹《ひ》かれる人物の作ったやきものに、やはり惹かれる。作った人の美意識がカタチになったものが作品なのだという、当たり前のことにあらためて気がついた。

本を読むと同時に、展覧会にも足を運ぶようになった。一九九四年に上野の東京国立博物館で開かれた「特別展　中国の陶磁」では、中国のやきものの歴史を見渡すことができた。

青磁《せいじ》・白磁《はくじ》が中心の展示だったが、僕が強く惹かれたのは陶器のほう。なかでも、一一世紀末から一二世紀初め、北宋の時代に磁州窯《じしゅうがま》で焼かれたものだった。王侯、貴族のための青磁白磁を焼く「官窯《かんよう》」に対して、磁州窯は庶民のための陶器を焼く「民窯《みんよう》」だ。磁州窯の陶器は朗らかだった。白化粧や黒化粧を掛けたあと、「掻《か》き落とし技法」で、くっきりと文様を浮きあがらせる。花、魚、鳥、蝶、さらには、ドラゴンもあった。ヘラで彫られたラインが、いかにも伸びやか。力強さが漲《みなぎ》っている。削り残しがあっても気にも留めないおおらかさ。陶工みずからが、楽しんで作っている様子が伝わってくる。使い手も、削り残しに美を認めていたに違いない。庶民の生活ぶりが、さまざまに想像された。朗らかで、しかも凛《りん》とした精神を宿す磁州窯の陶器。

北宋の時代のことが、もっと知りたくなった。

自分で思いついて、気に入っている広告コピーのようなフレーズ。

小学校に入る前から、加藤唐九郎はロクロで粘土をいじっていた。

三九歳で陶芸を始めた藤原啓は、人間国宝になった。

四〇歳で陶芸を始めた魯山人は、人間国宝にならなかった。

断ったからである。

大鉢《はち》づくりの醍醐味《だいごみ》

教室に通うようになって丸二年が過ぎようとしていた、九四年の正月のことだった。「林さん、新作展に出してみる？」教室で先生から言われた。僕は即座に「はい、出します」と答えてしまった。若手作家の登竜門とも言うべき公募展で、先生はここ数年、連続入選していた。

正しくは、「伝統工芸新作展」。日本工芸会が主催する地区別の公募展である。全国九つのブロックに分けられ、僕の住む千葉県は、東日本ブロックに属している。「出してみたい」とは、漠然と思っていた。しかし、どう考えても分不相応だ。それが、先生のほうから言ってくれた。どうやら冗談半分だったらしく、意外な即答に驚いたようすで僕を見た。「おいおい、本気かよ」、という言葉が顔に書いてあった。が、それも一瞬のことで、すぐに笑顔に変わった。

「いいねえ、その意気。今まで教室のみんなに勧めてきたけど、『出します』と言ったのは林さんがはじめてだよ。ほんと、やればいいよ。出さなきゃ、受かんないんだから」

先生は最後のフレーズを、妙なアクセントで歌うように言った。

「出さなきゃ、受かんない」

これは、その後ずっと、僕の好きな言葉になった。

「出す」と宣言してしまった以上、やるしかない。正直言って、受かるはずがないと思っていた。出品してくるのはプロがほとんどだ。そんなに甘い世界ではないだろう。それでも、本気で入選する気でやれば、確実に技量はあがるはずだ。とくに初心者は、はっきりとした目標があるほうがいい。これは本業の広告の世界で、尊敬する上司から教わったことだ。自分で振り返ってみても正しいと思う。「いま作っているCMは、あの広告賞に入るか」、それを意識の片隅《かたすみ》に置いて仕事をすれば、たとえわずかでも表現のクオリティは確実にあがる。まだレベルに届いていないと思えば、もうひとがんばりするしかない。クオリティ・コントロールのための指針となり、低レベルのものを作ってしまうことへのヘッジとなる。あ、広告のことを書き始めたら、急に企画書みたいな言葉づかいになってしまった。

さて、新作展の出品まで一カ月しかない。壺はまだまだ上手くカタチにならないので、大鉢を作ることにする。公募展でもなければ、いっちょ気合を入れてデカイのを作ってやるか、という気にはなれないものだ。いい機会と思って、集中してロクロを挽くと、自分のウデがグングン上がってゆくのが分かる。一〇キロの粘土で、径五〇センチの鉢を挽くはずが、粘土がよく伸びて五三センチの大きさになったりする。

「乾いたときに五八センチならギリギリで窯に入るよ」と、挑発されたのだが、どんなにやってみても、僕のウデでは五三センチが限度だった。粘土の量を増やせば、できそうな気もするが、カタチがいびつになりそうだ。五三センチなら、乾燥して五〇センチ。本焼きで四五センチくらいになるはずだ。ロクロ挽きした鉢の表面がベタベタしなくなるまで待って、縁にラップを巻く。あとは全体が均一に乾燥するのを三日ほど待つしかない。

ロクロ挽きは、相変わらずベランダ。お昼近くにならないとお日様は射《さ》してくれず、午後四時には寒気が忍び寄ってくる。

全体が均一に半乾きの状態になってくると、つぎの作業に移る。鉢の内側にインクで芙蓉《ふよう》の花を描く。あとで竹のヘラで彫るための「あたり」のラインである。もっとうまくなれば、下絵《したえ》なしでヘラが使えるのだろうが、まだとても無理だ。インクは素焼きすれば消える。このインク、しばらくは「ぺんてる」の水性サインペンを使っていた。はじめはサインペンで直接描いていたが、粘土の上で使うとすぐにインクが出なくなる。そこで、サインペンを輪切りにして、中のスポンジから絞り出したインクをビンに溜めた。それに筆を浸して描くのだが、絞り出すとき手がインクでベタベタになる。それより、サインペン一本からほんのわずかしかインクが取れないのは、もったいなさすぎる。原料のインクを分けてもらえないかと「ぺんてる」に電話を入れた。担当部署の女性はとても叮嚀《ていねい》な応対ではあったが、小口のお客さまにはお分けできないとのこと。こちらは、小口と言われるのも恥ずかしいほどの超小口客である。しかし、彼女は朗報を伝えてくれた。

「特殊なインクを使っているわけではありませんよ。ビンに入った市販のものと成分的には同じですから」

ふつうに売っているインクを使いたかったのだが、成分が不安で踏み切れないでいた。金属物質が含まれていたら、焼いても下書きのラインが残ってしまう。はじめに使ってうまく消えてくれた「ぺんてる」にこだわりすぎていた。

「どこのメーカーさんでも、染料で色を出してますから焼けば消えるはずですよ」。そう教えてくれた。

それからは、サインペンを無駄にしてしまう罪の意識にさいなまれることなく、市販のブルーブラックのインクを使っている。

さて、モチーフである芙蓉の花は、去年の夏スケッチしたものだ。ギラギラと照りつける陽光を浴びながら、そこだけには夏の早朝の凜《りん》とした爽やかさがとどまっているような薄桃色の花弁。童話に出てくるこびとのトンガリ帽子のような形をした蕾《つぼみ》も面白く

8冊目になったスケッチブック

て、いくつもいくつもスケッチブックに描いたのを思い出す。

花や蕾や葉のスケッチから、あちこちの部分をもらってきて再構成する。それをスケッチする。さらに、それを見ながらスケッチする――。くり返すうちに、自分の好きな曲線が現れてきて、しだいに自分なりの芙蓉になってくるように思える。

鉢に文様を描き終えると、蚊帳《かや》で内側を覆って、上から白化粧をハケで塗ってゆく。蚊帳を使うのは、格子《こうし》模様の布目をつけるためだ。漆用に市販されている麻布でもいいのだが、実家にあった木綿の蚊帳を送ってもらって使っている。より細かい布目から生まれる、しっとりした柔らかい風合いが僕は好きだ。白化粧を施すと、インクで描いた絵は見えなくなるが、化粧が乾いてくると、ふたたび現れる。表面を撫でてみてベタつかないていどに乾いたら、蚊帳をはがす。一度では薄いので、もういちど化粧を塗る。この段階でふたたび休み。急いで次のステップに進んで、うまくいったためしがない。縁も底も同じように湿気がまわって均一に乾いてくれるのを待つしかない。ビニールの袋ですっぽり包んでおくことにする。

週末に、ふたたび鉢に向かう。裏側の高台《こうだい》を削り出すために鉢をひっくり返すのだが、五〇センチをこえる口径のものは、いつも緊張する。ホームセンターで作ってもらった直径六〇センチの円板の出番である。鉢の上下を板ではさんで、気合もろとも「エイヤッ」と引っくり返す。慣れてくれば半回転でピタッと止まる。はじめのうちはよろけることが多かった。両手に力が入りすぎて、縁が割れたこともある。ロクロにのせて、高台の大きさを決めたあと、腰から胴にかけての余分な粘土をガンガン削るのだが、これには快感がある。カンナの先から粘土の長い削りくずが勢いよく生まれてくる。

つづいて、高台の内側の削りに移る。うっかり削りすぎれば、底に穴が開く。ときどき指で叩いて厚さを確かめる。はじめはボコボコとくぐもった音だが、薄くなってくるとポンポンと乾いた音に変わってくる。そこで手を止めるのだ。そう先生には教わった。教わったからといって、音だけで底の厚さを判断するなどという技は、たやすく身につくものではない。ではどうするか。あらかじめ内側の底から縁までの高さを測っておいて、裏返したあとで同じ高さのところに印をつける。それが底だから、土の厚みだけ残して削ればいい。これなら失敗は少ないが、いつまでたっても名人技は身につかない。悩むところである。

削りが終わると、裏側にも白化粧する。乾くのを待って、二度目の化粧を掛け終わるころには、土曜の夜もふけている。家族はすでに寝静まっている。いよいよ明日は、ヘラで芙蓉の文様を入れるのだ。いくつものハードルを越えて、今のところ順調にいっている。ダイニングテーブルに鉢を置いて（妻が見るとひと騒動なのだが）、缶ビールを開ける。「きれいなカタチだなあ」などと悦に入っているうちに酔いがまわってくる。

日曜日。大鉢はまだ水分が抜けず、ベタベタしている。この状態でヘラを使うと、ラインがきれいに出ない。夕方になってもだめなので諦めて、ビニールで覆う。次の週末まで待ったのでは出品に間に合わなくなる。ウイークデイにやるしかないが、今週は仕事が忙しくなりそうで、早く帰れそうにない。

水曜日午前二時。眠い。三時間しか寝ていないのだから無理もない。帰宅したあと、着替える。すでに部屋は冷え、家族は寝静まっている。二杯目のコーヒーを飲むころには暖房が効き始める。文様入れは、泥がさほど落ちないので、室内でやれるのがありがたい。まわりに新聞紙を敷けば大丈夫だ。線彫りにはナイフ型のヘラを使う。竹でできたものが、バリ（粘土に線を引いたとき、ラインの両側に出るギザギザ）が少ない。ヘラは手製である。会社の会議で「富山の押し鮨」が弁当として出たことがある。そのフタの押さえとして使ってあった割竹の先を削ったものだ。予備も欲しくて、隣の席のコピーライターに声をかけたら、居合わせた全員が提供してくれた。三回くらい人生をやらないと使い切れそうもない。

鉢を前に、深呼吸してからヘラを入れる。緊張の一瞬。スーッと気持ちよく線が伸びる。いいじゃないか。三日ほどあいだをおいたのが、かえって良かったようだ。湿気が均一に回っている。中を仕上げたあと、裏返して外側にも文様を入れる。気がつくと外が明るくなっている。そろそろ妻が起きてくるころだ。後片づけを始める。ヘラで痛めつけた器は、竹光《たけみつ》とはいえ刀傷だらけ。娘のベッドの下にもどして、ゆっくり養生《ようじよう》してもらうことにする。今日も睡眠不足の一日になるが、あとは乾燥するのを待つだけだ。今夜はゆっくり寝るぞ。

一〇日後、完全に乾いた大鉢をクルマで教室に運ぶ。歩いても一〇分ほどだが、大物になると持っては行けない。粘土は乾いたときがいちばん脆《もろ》い。ほんの少しの衝撃で縁が欠けてしまう。先生は、僕の鉢を見ると声をあげた。

「いいじゃない。いいよ。カタチがきれいだね」

僕は形よりも文様が気に入っていたのだが、まず大切なのは形のようだ。そういえば、雄渾《ゆうこん》な筆致で独自の境地を拓いた近藤悠三《ゆうぞう》（一九〇二―一九八五）、染付《そめつけ》で人間国宝に認定された氏でさえも、「いちばんきれいにできたものには、何も描きません」と言っている。

翌週、先生から電話があった。

「金曜日の夜に窯焚くから、三時ごろまでに釉薬掛けにきてくれる？」

素焼きで割れたのではないかと心配していたが、大丈夫だったようだ。金曜日なら仕事も一段落、午後半休《はんきゅう》が取れそうだ。

窯焚きの日。午後二時に会社を出た。家で着替えて教室に向かう。先生は自分のと生徒の分を窯入れしたあと、僕のためにいちばん上のスペースを空けて待っていてくれた。岡本クンに手伝ってもらって釉薬を掛けた。窯に電気が入り、持っていった缶ビールを三人であけた。窯を焚く日は、先生は泊まりである。自分の作品が入っているのに任せっ放しにするのは気がひけるが、いても何もできない。引きあげることにする。

一日あけて、日曜日。夕方には窯出しできると聞いていたが、それまで待てない。家の掃除を済ませ、スーパーでの買い物につき合ったあと教室に顔を出した。二月の末というのに、部屋の中が熱気でむせかえっていた。窯の蓋《ふた》が五センチほど開いている。

「少し見えるよ。いいんじゃない？」

窯に駆けよって覗きこむ。中は暗い。目を凝らしてもよく見えない。「あっ」、熱い流れが顔を舐めたと思ったら、チリチリッと音がして、髪の毛の焼ける嫌なニオイが鼻をついた。

二時間後、さらに五センチほど蓋が開いた。鉢の縁が見えた。内側はまだ見えないが、こちらの角度から見るかぎり、割れてはいない。布目もきれいに出ている。窯の中から、ピンピンと涼《すず》やかな音が響いてくる。器に貫入《かんにゅう》がはいっているのだ。窯が冷めてくると、中の陶器は収縮する。溶けた釉薬はガラス質になるが、胎土《たいど》よりも収縮率が大きいので、釉薬にひびが入る。その音がピンピンとひっきりなしに響く。窯は五時間くらいかけて少しずつ開けてゆく。

「もう、見たくて見たくて、八〇〇度くらいで覗いたりするから、俺、前髪なくなっちゃうよ」

先生の気持ちがよく分かる。でも、あまり早く開けてしまうと、冷気が入って割れてしまうこともあるという。五センチずつ開いてゆくのはもどかしい。もどかしいが、少し開くたびにドキドキして、これもいいものだ。

窯の温度が一五〇度を切った。蓋を全開にした先生が、中を覗きこんでいる。

「林さん……、いいよ」

先生が窯から取り出した。早く見たい。思わず手を伸ばして受け取ろうとした。

「だめだよ、やけどするよ」

先生は耐熱手袋をはめている。テーブルに運ばれた大鉢をはじめてじっくりとながめた。自分では、いいのか悪いのかわからない。予想していた上がりとはかなり違っている。窯出しが終わって、僕の鉢を見ながら先生が言った。

「ロクヨンかな。入選6の、落選4」

「前祝い」。そう言って、焼きたてのぐい呑みに酒が注がれた。酒は自然に、ぬるめの燗になった。夢のような話だけど、6が現実になればいいなと思った。ぐい呑みに口をつけたとき、僕の大鉢がまたピンと澄んだ音をたてた。

二週間ほどして、日本工芸会・東日本支部から小型の茶封筒が届いた。ドキドキしながら開封すると、入選の文字があった。教室に電話を入れると、飲もうという話になった。もちろん先生も入選している。楽しい酒だったが、一度だけドキッとすることを言われた。

「まぐれみたいなもんだから……」。照れもあって、そんな言葉を口にしたとき、先生は急に厳しい顔になった。

「林さん、陶芸家をひとり殺したんだよ」

僕は言葉もなかった。出品してくるのは、ほとんどがプロだ。僕が入選したことで、誰かが落ちているのだ。アマチュアの甘えた気分が、先生には我慢できなかったのだと思う。とくに若い陶芸家には、ふだん「作品」を作る余裕はない。生活のために日用雑器を作りながら、自分の一年間の成果を発表するために真剣勝負で公募展に出品している。こんなものに負けたのかと思われたのでは立つ瀬がない。アマチュアだからというのを、逃げ道にしてはいけないと思った。

日本橋の三越本店で開かれた「伝統工芸新作展」には、一週間の会期に三度足を運んだ。まず初日には昼休みを利用して、ひとりで行った。七階でエレベーターを降りると、会場は華やかな雰囲気に包まれていた。陶芸、漆、着物、人形、ガラス……。色彩が空間にあふれている。和服の婦人たちが多いのも、会場に彩《いろど》りを添えている。陶芸部門のスペースで自分の大鉢を探すが、会場が広くてなかなか見つからない。先生の作品はセンターに近いテーブルですぐに見つかった。僕のは一周してみてもない。ふと不安が頭をもたげる。あの通知、格調が高くて読むのに手間取ったが、本当に入選だったのだろうか。係員に聞いてみようかと思うが、「入選されてませんよ」と言われたらどうしよう。いや、なんども読んで確認したのだから間違いないはずだ。ふと見ると、会場から売り場のほうに抜ける通路のあたりにも何点か並んでいる。その中に、僕のがあった。「芙蓉文大鉢《ふようもんおおはち》　林寧彦」。筆で書かれたプレートを前に、誇らしげに鎮座していた。そのときは知らなかったのだが、展示場所には序列があって、高得点の作品はセンター・テーブルに並ぶという話をあとで聞いた。僕の場合、会場の端というより、ほとんど会場を出かかったところに展示されていたということは、ギリギリのスレスレの入選だったようだ。そのときは、そんなことも知らず、いや知ったとしても同じ反応かもしれないが、憧れの新作展に入選して自分の作品がライトを浴びて展示されているというのが、何だか夢の中のことのように思えた。

会場をゆっくりと見てまわった。関東・甲信越・東北・北海道の陶芸家たちの作品が一堂に会している。活字で馴染みの人たちのもある。東日本で二〇〇人あまりの中に、自分が入っているのが不思議で、アタマがクラクラするような感激だった。

二、三日して、友人のプロデューサーが電話をくれた。

「見てきましたよ。林さんて、三越じゃ先生なんですねえ」

わけの分からないことを口走る。話を聞くと、こういうことらしい。会場に行ってくれたのだが、僕の作品が見つからず受付の人に尋ねたそうだ。係の人はカタログで確認した。

「陶芸の林先生のお作品ですね？」

そこから、さっきの電話の言葉になったのであるが、話を聞きながら大笑いしてしまった。

「とりあえず、誰にでも『センセイ』をつけるんだよ。『センセイ』と呼んでおけば怒る人はいないから……」

その日、僕は家に帰ると妻に報告した。

「オレ、三越じゃ先生と呼ばれてるんだって」

妻の反応はというと、僕と同じだった。まことに世間の分かった女性である。

翌日、僕はふたたび会場に行った。受付の女性に声をかけた。

「あのー、林さんの作品はどこでしょうか」

カタログを開いたその人は高らかにおっしゃったのである。

「陶芸の林先生のお作品ですね」

つづけて、「どうぞ」と僕をうながして歩き始めた。案内されるとは予想外であったが、いまさら断るわけにもいかない。そして作品のところで立ち止まると、上品に片手を差し伸べて「こちらでございます」とおっしゃった。

第34回伝統工芸新作展に初入選、「芙蓉文大鉢」

「あ、こちらですか」

さりげなくお礼を言ったあと、知った人に見られなかったかと、センセイはキョロキョロとあたりを見回した。

その日は夕方から出品者懇親会が開かれた。三越内にある、レストラン「ランドマーク」。浜渡先生も出席する予定だったが、奥さんが入院するという出来事があって、欠席するという電話をもらっていた。病状は重いものではないとの話だったが、「子守りをやらなきゃいけないんだよ」と先生は申し訳なさそうに言った。

パーティ会場は華やいでいた。広告賞のパーティのように、プロの司会者が入るわけでもタレントが来るわけでもないが、内輪による照れながらの司会ぶりに、工芸関係の会であることを実感した。仕事関係のパーティともっとも違うのは、出席者の年齢層。五〇代、六〇代が中心で、四〇になったばかりの僕などヒヨッコだ。あちこちに談笑の輪ができているが、新参の僕には顔見知りもなく、手持ち無沙汰で水割りをがぶ飲みするしかなかった。入り口近くにボケーッと立っていると、遅れてきた同世代の人に声をかけられた。

「林さん？　ごめん、ごめん、遅くなっちゃって」

浜渡先生が陶芸を教わった、島田さんだった。先生の先生である。

「よく僕だって分かりましたね、初対面なのに」

「四〇くらいで、きっとスーツ、ネクタイで来てるからって、ハマさんが言ってたから」

先生が連絡しておいてくれたのだ。あらためて見まわしてみると、年配の人はスーツがほとんどだが、三〇代四〇代はセーター姿のほうが多かった。

島田さんは、大先輩の陶芸家のところに僕を連れてゆき紹介してくれた。いつかあんな作品を作りたいと憧れていた陶芸家は、素晴らしい笑顔の持ち主で、気さくに楽しい話をしてくれた。

パーティ会場では、人間国宝がアルコールのグラスを手にしている図というのを、はじめて拝観した。国宝というのは、薄暗いところで半跏思惟《はんかしい》しているものという先入観を持っていたので、不思議な気持ちでその姿をながめていた。

やがてパーティがお開きになり、島田さんといっしょに浜渡先生の家に行った。子守りをしていた先生は、島田さんに礼を言った。ほんとうは、島田さんも欠席するつもりだったらしい。初入選で不案内な僕のために、無理を言って頼んでくれたようだった。

すっかり酔っぱらってしまって、先生の家で何を話したのか忘れてしまったが、ひとつだけは覚えている。島田さんの言った言葉だ。

「林さんは腕が太いから、ロクロもすぐに上手《うま》くなるんだよな。オレみたいに細いのは上手くならないんだよね」

島田さんはロクロの名手だと先生から聞いていた。その人におだてられて、単純な僕はまた「自分は陶芸に向いているんだ」と思いこんだのである。

さて、週末には家族三人で出かけた。わが作品の晴れ姿を見せたい。これは嘘ではない。が、ほかにも父は良からぬことを考えていた。展示された自分の作品を写真に撮りたい。しかし、「撮影はご遠慮下さい」の張り紙が出ていることも知っていた。会場の自分の作品の前に来ると、バッグからカメラを取り出して娘に渡した。

「いけないんじゃないの？」

「大丈夫だよ、自分のだもん」

娘はシャッターを切った。ストロボが光った。子供のことで一枚では心もとない。もう一枚、と頼んでストロボが光ったとたんに、係員がとんできた。

「ここ、カメラだめですよ」と、注意された。

「お父さん、わたしをだましたね」

父親に裏切られて、知らないうちに、悪事に手を貸してしまったことがよほどショックだったらしく、後のちまで言われることになってしまった。

釉薬《ゆうやく》を調合する

新作展が終わり、しばらくして浜渡先生の個展が開かれた。会場に来ていた、先生の知り合いの人と帰りの電車がいっしょになった。僕より少し年上のようだった。都内に住んでいるが、信州に自分の窯があるそうだ。自宅で作ったものを運んで焼いているという話は、うらやましいかぎりだった。釉薬も自分で調合しているという。個展会場で先生が話したらしく、新作展に入選したことに話が及んで、「陶芸教室の生徒が、教室の釉薬を掛けて、先生に焼いてもらったのを出品してくるのって、問題になってるんだよね」

言葉にとげがあった。あきらかに僕のことを指していた。仕事がらプレゼンテーションで鍛えた、反論のテクニックを駆使すれば言い負かすことはできそうだった。たとえば、「絵の具を自分で作る絵描きはいるんですかね。キャンバスはどうしてるんですかね」とか、「材料を自分で作ることにこだわってるから、陶芸が芸術になりきれないんじゃないかな」とか。でも、口をつぐんだ。嫉妬されているらしいことに驚いたのだ。

別れてから、ムラムラと闘志が湧いてきた。

「来年は絶対に自分の釉薬で入選してやる」

それが長く苦しい道に一歩踏み出すことになるとも知らず、僕は勇《いさ》んで釉薬の調合を始めてしまったのである。


先生は気前よすぎるくらい、知っていることを教えてくれた。

まず、使う土を決めること。

もともと、やきものの生い立ちからしても、その土地で取れる粘土の特徴からすべてがスタートしている。釉薬が剝がれ落ちる備前の粘土からは、無釉《むゆう》の焼き締《し》めという技法が生まれた。美濃の志野焼にしてもそうだ。百草《もぐさ》土という、風化花崗《かこう》岩《がん》の白い粘土があったからこそ、上に掛けた長石釉が志野特有の淡雪のような肌合いを見せるのだ。だから、まず土を決めて、釉薬の調合を変えてゆくことで自分の求めるイメージに近づけてゆく。

「同じ釉薬でも、土が違えばまったく別の色調になるよ」

土と釉薬とは、ただの足し算ではなく、掛け算のような関係だった。

釉薬は、まず透明釉を作ること。

ガラスのような透明な基本釉ができれば、それに酸化金属を加えることによってさまざまな色釉が生まれる。さらに、釉薬の調合比を変えれば不透明になったり、乳濁《にゅうだく》したり。肌のつやにも変化が現れ、ツルッとしたり、しっとりしたり、ザラッとしたり。

「本は参考にはなるけど、書いてあるとおりに調合してもうまくいかないよ。書いた人の窯でやればそうなる、ということで、窯によって違うからね」

先生は、そうアドバイスした。

まずは粘土を決めなくてはならない。先生と同じ土を使えば楽なのだが、自分の土を作りたかった。初心者は信楽《しがらき》の土が使いやすいと聞いたので、陶芸材料店からさまざまな信楽粘土を宅配便で取り寄せた。ブレンドを変えて、試し焼きをした結果、信楽の赤6・水簸《すいひ》赤4・水簸白1のブレンドが気に入った。赤土の鉄分が野性味になり、白土を加えたために耐火度も大丈夫。赤土だけで作ると、窯の中で柔らかくなりすぎて歪んでしまう。

とりあえず、粘土は決まった。いよいよ釉薬の調合にとりかかる。本を読んで必要な材料を書き出した。長石、白石灰《しろせっかい》、珪石《けいせき》などを、五キロ、一キロと、リストアップして、材料店から送ってもらう。材料は一キロ三〇〇円から四〇〇円ほどなので、あとで思いついて追加注文などすると、輸送費のほうが高くついてしまうことになる。

材料が揃うと調合の開始である。自宅のバスルームが実験室になった。一グラムまで計れる料理用のハカリを浴槽のフタの上に準備する。先生は、あの懐かしい理科室にったような上皿天秤《うわざらてんびん》を使っていたが、三万円もすると聞いてあきらめた（透明釉なら一グラムまでのハカリでも構わないが、色釉《いろゆう》をテストするにはもっと精度の高いものが必要だ。少量の酸化金属を計るためだ。一年後に、〇・一グラムまで計れるデジタルのものを買ったが、二万五〇〇〇円。痛い出費だった）。

とにかく、基本となる透明釉を完成させよう。「透明石灰釉」に挑戦することにした。これは染付などに使われる、いちばん安定した透明釉である。石灰、長石、珪石、それぞれの調合を変えたものをいくつも作る。本に書いてある「三角図表」というのを参考にした。ベストの組み合わせを見つけるための方法で、多くのパターンを試さないといけないが、もっとも確実なやり方だ。ひとつのパターンを試すのには三〇グラム作ればじゅうぶん。それ以上だとムダになるし、それ以下だと正確な結果が出ない。紙コップに材料を入れ、水を注いでかき混ぜる。さらに八〇メッシュの篩《ふるい》（陶芸店で購入）に通して粒子を細かくする。それを、素焼きした陶片に掛ける。釉薬を掛け残した部分に、弁柄で日付と調合メモを記す。書くとかんたんだが、狭いバスルームでの中腰の作業は、けっこうしんどい。

こうして作ったテスト・ピース（焼成テスト用の陶片）を窯のあいたスペースに入れてもらって焼成する。結果は、透明になるはずが、白くなったり、表面がザラザラしていたり。そのたびに先生に相談して、長石の割合を減らしてみたり、石灰を増やしたりと実験のくり返し。そのうちに、透明なきれいな溶け方になってきた。少し多めに作って、湯飲みに掛けて焼いてみる。ところが、なかなかうまくいかないのだ。平らな素焼きの破片ではいい結果が出ても、茶碗で試してみると、粘りのない釉薬は流れ落ちて底に溜まってしまう。失敗つづきで、外側に垂れた釉薬が棚板にくっついたりもした。汚れた棚板を、岡本クンがそのつどきれいにしてくれていたのを遅ればせながら知り、申しわけなくて、当たり前だが自分で取りのぞくようになった。溶けて棚板にくっついた釉薬は、やっかいだ。平ノミの刃先を当てて、トンカチでガンガン叩いて少しずつこそぎ落とす。チカラと根気と、隣近所への配慮のいる仕事である。

三カ月くらいテストをくり返して、ちょうどいい溶け具合の透明釉ができ上がった。これで「教室の釉薬で作った」とは、もう言わせない。だがそんなことよりも、もっと大きな喜びがあった。

地球のあちこちに散らばっていたものが、集められてひとつになる。自分がいなかったら、出会うことはなかった粘土や鉱物たちである。命を終えて爆発した星々のかけらが宇宙のどこかで集まって、ふたたび新しい星が誕生するという、あの宇宙の物語と陶芸とは、赤い糸で繋がっているように思えた。

透明釉ができたところでやめておけばよかった。そこで満足していれば、苦労もなかったのだ。そのうち、どうしても一色欲しくなってしまった。先の懇親会で紹介された陶芸家の椿文様《つばきもんよう》に施されていた紅が、目に焼きついていた。加えられた一色が作品にいのちを与えていた。釉裏紅《ゆうりこう》と呼ばれる、釉の下で発色する紅。銅による彩色だ。素焼きした器に筆で塗り、その上に透明釉を掛けて焼く。還元焼成でしか得られない発色で、酸化では緑になる。

あとで知ったのだが、プロでも思いどおりに発色させるのは難しい技法だった。そんなこととは知らず、初心者の僕は無謀にも釉裏紅のドアをノックしてしまったのである。本で調合を調べ、材料を買ってきた。銅は炭酸銅《たんさんどう》。ほかに亜鉛華《あえんか》、酸化錫《すず》など。化学オンチの僕にとっては、おどろおどろしい名前のついたものばかりだ。さらに、ただの透明釉では紅が出にくいので、釉薬にも炭酸バリウムを加えなくてはいけないことが分かった。炭酸バリウムには溶けをよくする性質があるので、同じ効果を持つ石灰はこれまでより量を減らす必要がある。あるいは、溶けにくい長石か珪石を増やす方法も書いてある。釉裏紅の調合にもたくさんのバリエイションがあることを考えると、頭がグジャグジャになる。とにかく試してみるしかないだろう。

先に書いたように、釉は三〇グラム作ればテストとしては正確な結果が出る。しかし、釉裏紅の場合、本によって違うが、たとえば「炭酸銅は〇・三パーセント」などと書いてある。一グラムまでしか計れない料理用のものは使えない。炭酸銅の計量だけは、教室の上皿天秤を貸してもらった。自宅に持ち帰って調合する。風呂蓋の上に紙コップを並べて、亜鉛華、炭酸バリウム、酸化錫、ワラ灰などの材料を正確に計って入れてゆく。それに水を入れてかき混ぜるのだが、固まりができてしまったりして、なかなかドロドロになってくれない。こんなときは、スーパーで買った裏ごし用のステンレスのザルの出番である。下に洗面器を置いて、紙コップの材料をザルに移す。固まった粒々をゴムベラでつぶす。さらに透明釉を作るときと同様、篩《ふるい》に通せば準備完了である。素焼きしたものに、この釉裏紅を塗って、その上に透明釉を掛ければいい。

と、ここまで書いてきて、ずいぶん無茶をやっていたものだと自分でもあきれる。ザルやゴムベラは陶芸専用にしていたのだが、バスルームを調合の実験室にしていたのは無謀だった。酸化金属の中には、毒性の強いものも多い。たとえば、釉裏紅に必要な炭酸銅。鮮やかなグリーンの微粒子で、洗面器の底に溜まったものを「きれいだなあ」とうっとり眺めたりしていたのだが、ある本を読んでその正体を知り、慄然《りつぜん》とした。炭酸という名前から、「シュワーッと爽やか」なイメージに騙されていたが、何を隠そう「緑青《ろくしょう》」だった。神社の銅ぶきの屋根などにできる緑色のサビが緑青で、それを人工的に作ったものが炭酸銅。薬事上、「劇物」として扱われるものであった。劇物を扱うときは、直接手で触らないこと。また、粉塵を吸ったり、目に入ったりしないよう注意が必要だ。炭酸バリウムも劇物だった。バリウムと聞けば、条件反射的に人クのバリウムを思い出して勝手に安全だと思いこんでいたが、あれとはまったくの別物だった。

余談であるが、人間ドックでバリウムを飲むたびに、これを掛けて焼いたらどんなものができるだろうといつも思う。僕だけかと思っていたら、先生もそうだと言ったのには笑ってしまった。

酸化金属の扱いには注意が必要だと分かってから、バスルームでの作業はやめた。排水口に流すこともやめた。知らなかったでは済まされないことだが、環境のうえからも問題だったと反省している。流してやるなど、もってのほかである。

それ以後、調合場所はベランダに移った。水道がないのが不便だが、安全には代えられない。

さて、苦労して調合した釉裏紅だが、なんど還元焼成してもらっても紅がまったく出なかった。化学的には、銅の粒子が還元によって酸化第一銅に変わり、これが紅に発色するのだそう。還元方法は、教室のばあい電気窯なので、プロパンガスの炎を吹きこんで窯の中の酸素を奪うというやり方。炎の中の一酸化炭素の濃度によって還元のかかり方に強弱が出る。また、還元を開始する温度にも左右される。本から仕入れた知識をフル動員して、紅の出ない理由を考える。

「何度くらいから還元を始めてます？」などという、生意気な質問が多くなってきたが、先生は嫌な顔をすることもなく答えてくれた。九五〇度で還元を始めているなら紅が発色するはずなのに、色が出てくれない。ますます分からなくなる。調合を変えてテストをくり返す。二カ月ほど経ったころ、徳利に塗った釉裏紅がはじめて発色した。紅とは言いがたい、紫に近いものだったが、色が出たというだけで感激だった。家に持ち帰ってながめているうちに、白化粧とつり合うい色に思えてきた。使い方しだいで面白くなりそうだ。しかし、同時に焼いたもうひとつの徳利は、同じ調合なのに発色しなかった。塗ったときの濃度の違いか、あるいは窯の中の置き場所の問題なのだろうか。

自分の窯が欲しいと思った。調合を変えるだけでなく、還元を始める温度や、ガスの濃度も、先生まかせではなく自分でやってみたい。もっとゆっくり窯を冷ませば紅が出るかもしれない。だが、それは叶うはずもない。だいいち、どこに窯を置くのだ。マンションに空いた部屋などあるわけがない。妻は自分の部屋が欲しいと言っているのだ。ベランダはどうだ？　小さな電気窯なら置けないことはなさそうだが、雨が吹きこんだとき濡れる恐れがある。電気製品に水がかかるというのは、やはりまずいだろう。それより何より、ロクロや土練り台や粘土の保管箱などが、物干しスペースを侵略し始めており、すでに妻の顰蹙《ひんしゅく》を買っている。正しくいうなら、爆発寸前なのだ。自分の窯は、いつか持ちたいという夢のままにしておくほかなかった。

自分だけのオリジナル・ブレンドの粘土と、オリジナルの透明釉。そして釉裏紅が一応の発色をみたという成果とともに、一年がまたたくうちに過ぎた。ふたたび新作展の季節が巡ってきた。今年は、粘土も釉も白化粧も自前である。「焼いてもらって」は仕方がないが、少なくとも「教室の釉薬を使って出してくる」とは言わせないぞ。はりきって準備を始めた矢先、思いがけない出来事が起こった。そしてそれは、僕の陶芸の大きな転機ともなった。

4 マンション「工房」化計画

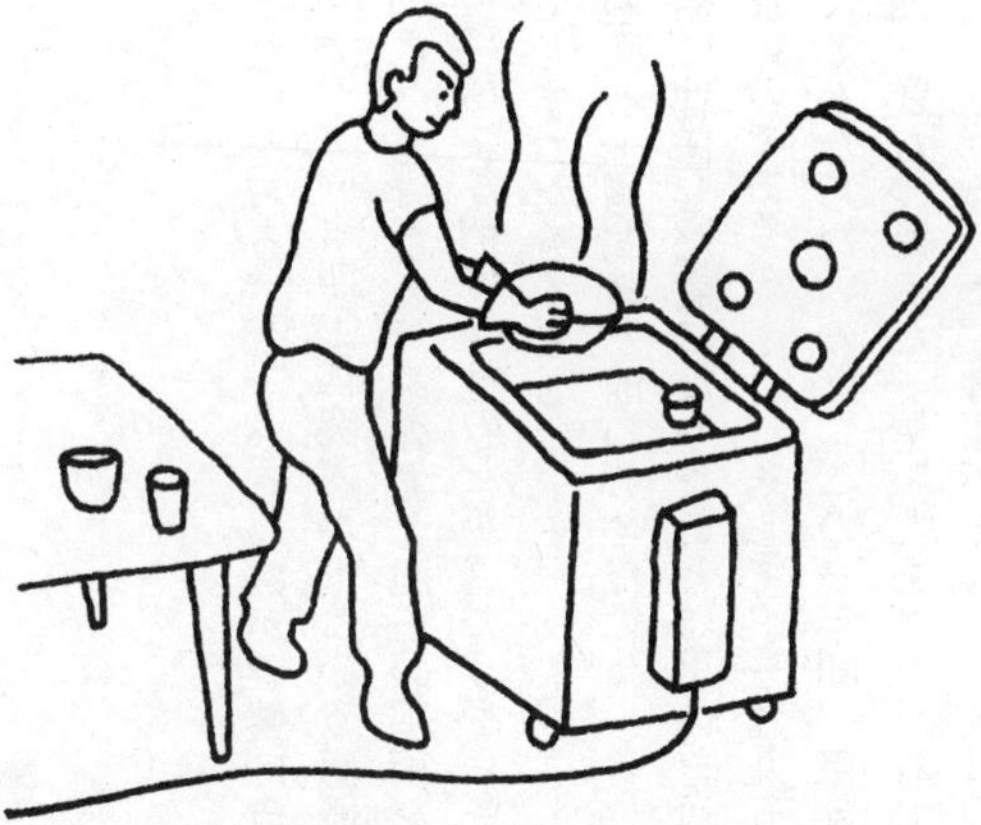

自分の窯《かま》をもちたい

ふつうの人間なら、こんな誤りをおかすことはないだろう。どういうわけか、僕は自分の年齢を間違えていた。四〇になるときには、「いよいよ四〇代突入か」という感慨があったから、間違えたのは、それほど前からのことではない。そのあと胆石の手術をして、「やはり、前厄《まえやく》の歳にはいろいろあるものだな」と納得したのだが、どうやらそのときに、数え年と満年齢とがごっちゃになってしまったものらしい。

間違いに気づいたのは「四三歳」の誕生日を迎える一週間ほど前のことだ。「俺も、とうとう四三か」と、ケネディが大統領に就任した歳になったことに思いを巡らしていた（ケネディとくらべたって何にもならないのであるが——）。そして、一九九五年から一九五三を引いてみて愕然とした。四二にしかならないのだ。この一年間、自分は四二歳だと思って過ごしてきたのに、本当は四一歳だったのだ。驚いたあと、うれしくなった。これからの一年間、もういちど四二歳をやれるのだ。神様がくれた二度目の四二歳をどう有意義に使おうか。あれもしよう、これもしたいと、欲ばった目標をあれこれ考えていた、まさにそのとき転勤の内示をもらった。

「すごいプレゼントですね」

思わず口をついて出てしまった。その日は偶然にも、僕の本当の四二歳の誕生日だった。


昇進でも左遷でもない、ただのローテーション人事。転勤先は福岡。家庭の事情を考えると、単身赴任しかない。放送局勤務の妻は、出産、子育てもディレクターという忙しい職務をこなしながら乗り切った。夫の転勤くらいで、仕事を辞めてもらっては、男がすたる。しかし、行くとなるとさまざまな問題が予想される。ふたりでひとり分くらいしか親の役割をしてやれていない娘のことも心配だ。妻の負担が重すぎる。

それからの三日間は、夫婦で深夜まで話し合った。家庭のこと、仕事のこと、ローンのこと、そして精神的にはすでに二足のワラジになってしまった陶芸のこと。まるで、広告の企画作業をやるときのように、あらゆる可能性を検討してみた。フリーランスのCMプランナーになるというのもあった。ふたりで会社を作るというのもあった。仮説のひとつには、陶芸教室を開きながら、一流の陶芸家をめざすというものまであった。

先生に話すと、千葉の行徳駅のホームから見えるマンション物件を教えてくれた。

「広いルーム・バルコニーがついてるから、あそこで生徒たちが作業してると、いい宣伝になって、生徒がいっぱい集まるよ」

と、CMプランナー顔負けのマーケティング分析までしてくれた。もしも踏み切るのなら奥さんが苦労するから、と家まで足を運んでくれた。僕が聞いていても、相当な覚悟が妻にもなければできるものではなかった。先生を送ったあと、妻が言った。

「いいよ、本当にやりたいんだったら」

意外だった。

「三年間なら面倒みてあげる。三年後に食べられるようになると約束してくれるなら」

妻は、すべて背負うつもりで「いいよ」と言っている。それにくらべて、僕のほうは——。夢のようなことを考えているだけで、その覚悟がまるでできていないことが分かった。陶芸はたしかに面白いが、それを仕事にしてしまっていいのだろうか。広告の仕事も面白いと思っている。ひとつを選んでしまって、本当に後悔しないだろうか。もう少し考えてみる、と言うしかなかった。

もっと広く、人の意見にも耳を傾けてみることにした。何人かの年長者に話をきいた。動揺している僕を見て、正直な心情を吐露《とろ》してくれた人が多かった。厳しい環境に置かれている中高年の心象風景を、まざまざと見る思いがした。人ごとだと思って、と言いたくなるものも多かった。

「やりたいことがあるなら、早く辞めたほうがいいよ」

「僕も六〇歳まで働く気はないんだよ」

僕のケースに、踏み切れなかった自分のロマンを重ねているようにも思えた。そのなかで、「一方を捨てることはないじゃないか」と言ってくれたひとが二人いた。

「両方、おやんなさいよ」

「両方やるから、カッコイイんだよ」

一人はCMプロダクションの社長。もう一人は、大きな会社のトップだった。二人とも、中高年の厳しい環境とは無関係のポジションにいるからなあ、と感じたことはたしかである。だがそのとき、はっきり分かった。「両方おやんなさい」というアドバイスが欲しくて、今まで多くの人に意見を聞いてきたのだということが。「窯いじりをするものには、九州は宝の山ですよ」と、勇んで行くしかないような言葉までいただいた。

単身赴任することに決めてからのある日。娘とふざけ合っていて、どういう拍子か、胸の中に飛びこんできたので抱きしめた。六年生になっても、僕のほうが子離れできず、ときどきそうしてじゃれるのを楽しんでいた。いちおうつき合ってはくれるものの、「はい、もういいでしょ」などと言われるのが常だった。しかし、そのときは違っていた。いつものように、二、三秒で離そうとしたら、娘がヒシと腕に力をこめて離さない。

「何だよ……」

笑いながら言おうとして、言葉が出なくなった。娘の頰が濡れているらしいのを、首に感じた。しばらくそのままでいた。

「もう、だいじょうぶだよ」

娘は、僕の背中を二度軽くたたいて離れた。笑顔にもどっていた。毎夜、夫婦で遅くまで深刻な顔で話しこんでいるのを見て、いちばん不安だったのは娘だったはずである。甘えん坊だと思っていたのに、いつのまにか親に心配をさせないように気をつかうまでに成長していた。

娘のそのころの不安については、後日談がある。単身赴任すると、何年間かは会えないと思いこんでいたそうだ。

「刑務所に入るんじゃないんだから……」と、大笑いしたが、そんな不安を胸にしまいこんでいたのかと思うと、「単身赴任」ということについて、きちんと娘にも説明しておくべきだった。

じつは、もうひとつ後日談があって、二、三カ月たってから娘が言った。

「ずっと会えないと思っていたのに、出張みたいなもんじゃゃん」

安心していいのだか、それまで家庭を顧みなかったことを反省するべきなのか——。

さて、行くことについて自分の心の整理さえつけば、赴任スケジュールに合わせた慌ただしい引っ越し準備が始まる。三泊四日の下見出張で福岡を訪れ、支社への挨拶もそこそこに不動産屋さんに行く。部屋の条件は、あらかじめファクシミリで送っておいた。

僕の出した条件は「第一希望、土間のある一戸建て。第二希望、広いバルコニーのあるマンション」。単身赴任者が求める物件としては、かなり風変わりである。「陶芸がやれる物件」という前提がなければ、借り手が何を考えているのか理解不能であろう。家族との生活を失う代償として手に入る時間を、徹底的に陶芸に使うことに決めたのだ。不動産屋にそんなことが分かるわけがない。しごく、真っ当な反応が返ってきた。

「単身の場合は、通勤がラクなことが第一ですから」

「一戸建てはセキュリティが心配ですから、ふつうは……」

分かっとるわい、そんなことくらい。俺はフツーの単身赴任者じゃないの。陶芸のオニになるために、妻子を捨てて来たのだ。「陶芸」というキーワードを出せば、相手の疑問は氷解するはずだが、こちらの目論見まで水の泡と化してしまう。陶芸をやるという条件で、部屋を貸してくれる奇特《きとく》な大家さんなどいるわけがない。

「出るときは夜逃げするしかないかな」

先生だって、自分の教室のことをそう言っていた。僕ひとりだから、それほど汚れることはないだろうが、借り手としてのイメージは圧倒的に悪い。「陶芸」を口にできないから、不動産屋さんはマンションにばかり連れてゆく。僕はあせっていた。四日のあいだに決まらなかったら、次は自費出張になってしまう。「土間のある一戸建て」のほうはあきらめることにした。

マンション物件を見に行く。「ここにロクロを置いて、作業台にするテーブルはあそこ」という目で点検する。どうしても埃《ほこり》っぽくなるから、同じ部屋にベッドを置くのは憚《はばか》られた。ワンルームはやめよう、という結論になる。

「掃除のラクなワンルームのほうが……」

家賃五万円までという条件では、ワンルームを勧めるのも無理はない。

「部屋にいる時間は少ないと思いますよ。お酒も飲んで帰られるでしょうから……」

うるさい、これからは酒なんか飲んで帰らないの。手元が狂ってロクロが挽けなくなるから。部屋にいる時間だって、すごく長くなるの、そうすることに決めたの。心の中でブツブツ言いながら、「やっぱり、二間は欲しいです」とくり返した。

そのうち、「条件からすると、ちょっとお高いんですが、広いルーフ・バルコニーのついた物件があるのでご覧になりますか」と提案されて同行した。一〇階建ての一〇階。フローリングのダイニング・キッチン＋和室＋寝室の２ＤＫ。ルーフ・バルコニーがすごい。五五平方メートルもある。水道の蛇口もある。釉薬の調合にもってこいだ。見晴らしも素晴らしい。近くに高い建物はなく、支社の入っているビルが見える。徒歩通勤ができそうだ。銀色に輝く福岡ドームの向こうに横たわる島影は、能古島《のこのしま》だと教えてくれた。井上陽水の初期の名曲、「能古島の片想い」の舞台だ。見渡すと、空港に発着する飛行機が見えた。東京に残す家族を、近くに感じながら生活できそうな気がする。しかし、である。家賃は八万五〇〇〇円。会社から出る住宅手当てでは、とても間に合わない。単身赴任の諸手当の、相当な部分までが消えてしまう。こちらでの生活費にしわ寄せが出るのは明らかだ。こんな物件、見なければよかったと思った。

しかし、である。東京で同じ物件を借りれば、倍近くするのではないか。ロクロはあそこ、土練り台はここ、と陶芸のためのレイアウトがまざまざと目に浮かぶ。屋外に置いても大丈夫なものをみんなルーフ・バルコニーに出せば、部屋にはかなりのスペースが残る。耳元で、天使がささやいた。

「電気窯が置けるかもしれない」

そうだ、自分の窯を持つという夢が実現するかもしれない。それまで、焼くのだけはどこかの陶芸教室に頼もうかと思っていた。そんなムシのいいお願いを聞いてもらえるものかどうか、見当もつかなかった。でも、窯を持てばすべて解決する。自分でブレンドした土に、自分で調合した釉薬を掛けて、自分の窯で焼く。一〇〇パーセント自分のやきものができるのだ。このマンションを見てしまったのは、運命のような気がした。

「スペースがムダではありますけどねえ」

天使のささやきが聞こえなかった不動産屋さんが、僕の燃えあがる情熱に水をかけようとする。一目惚れでその気になって、あとで解約されるのを警戒しているようだ。彼の立場としてはもっともである。月々三万五〇〇〇円の予算オーバーでは、とても即断はできない。

あと一日ある。そのあいだに考えよう。夜、ホテルから妻に電話を入れた。

「よーく、考えてよ」

妻は、前半の言葉にチカラをこめた。

翌日は、ほかの不動産屋に顔を出して、いくつかの物件を見てまわった。どれも似たり寄ったりで、どうしても「あの部屋」とくらべてしまう。帰りの飛行機の時間が迫っていた。昨日のところに電話を入れた。

「もう一度、見せてもらえませんか」

見れば見るほど、ここは夢の実現にふさわしく思えた。

「三日間だけ、ほかの人に見せないというのはできますか」

僕の頼みは快く引き受けてもらえた。

新聞は取らないで会社のを読もう。中洲のネオンにも近づかない。タバコも——これは、やめられないか。三万五〇〇〇円の捻出に悩む僕を乗せた飛行機は、福岡をあとにした。窓の外の夕焼けが、急速に後ろに遠ざかっていった。

僕は思いこんでしまう性格で、得か損かという判断が入りこむ余地がなくなってしまう。今回も、期限の三日を待たずに決定の電話を入れてしまった。僕の生活を切りつめれぱいい話だ。何とかなるだろう。妻には事後報告となった。

転勤までの日々は、慌ただしく過ぎて行った。会社から支給された支度金で、身のまわりの物を揃えなくてはならない。近所に、日本一安い（と評判の）ディスカウント店があるので、すべてそこで買って送ることにする。洗濯機、冷蔵庫、電子レンジ、テーブル、椅子、スタンド、ベッド——。休日に妻とふたりで、メモを片手に売り場を歩いた。何だか結婚前のころを思い出した。僕が口にすると、同じことを考えていたらしく、ちょっと笑った。今回は、別々の生活を始めるための買い物である。

さて、陶芸のほうの計画も着々と進行していた。向こうでの生活を始めると同時に、陶芸もスタートを切りたかった。必要なものを揃えて、引っ越し荷物といっしょに送ることにする。注文したものが続々と自宅に届きはじめた。新しいロクロ（東京に帰ったときに、時間があったらやりたいので、今あるのは置いてゆくことにした。あとになってみれば、これはまったくのムダであった。それはそうだ。たまに帰って、ロクロを挽いていたのでは、もはや夫でも親でもない）、粘土六〇〇キロ、釉薬の原料一五〇キロなど。ホームセンターにも足を運んだ。向こうにはクルマを持って行かないので、大物はあらかじめ揃えておく必要があった。コテ、ヘラなどの小物の道具を保管するためのワゴン。大型のスチール棚など。それぞれを、陶芸教室の備品を参考にしながら買い求めた。土練り台は低めのものを新たに作ることにする。体重をのせて練るのに、今までのものはテーブルが少し高すぎた。組み立てるだけで済むよう、材料を用意した。一メートル×一メートルの厚手の合板、足になる柱四本。力いっぱい練ってもグラグラしないよう、補強用の板八枚。サイズに合わせて切断してもらった。

電気窯はどうなったか。やはり、買うことにした。支度金で電気製品などの大物を買い揃えているうち、金額の大きさに対する恐怖心が薄れてきた。陶芸雑誌の広告を参考にして、メーカー数社からパンフレットを取り寄せると、一〇万から六〇万円くらいのものがアマチュア用としてのっていた。漠然《ばくぜん》と窯を持つ夢を描いていたときには、パンフレットを取りよせることもしなかったが、ベランダで使える窯も数多くあった。東京のマンションでも窯を持つことはできたのだ。もっとも、妻の抵抗を考えると、現実味は乏しいのであるが。

さて、パンフレットの窯を見くらべると、どうしても高いほうが欲しくなるが、ここは我慢しなくては。三〇万の窯で手を打とうと思った。かなり大きいものが入れられるし、マイコン自動焼成装置がついているところが気に入った。

これは便利な装置のようだ。好みの焼成パターンを設定しておけば、スイッチを入れるだけで温度と時間を自動的にコントロールして焼きあげてくれるものらしい。仕事を持つ身としては、最新技術の恩恵に与《あずか》らない手はない。電話で詳しい話を聞いてみた。

ところが、この窯では僕のやりたい還元焼成に難があることが判明した。

「酸化・還元両用とは書いてありますが、できれば酸化焼成用の窯として使ってほしい」とのこと。還元は電熱線への負担が大きいので、このクラスの窯では不都合が多いようだ。先生の窯で還元焼成の面白さを知ってからは、酸化だけでは物足りなくなっていた。マイコン付きのほかのメーカーのもので、六〇万もやむをえないと覚悟した。

ところが、今度は内部が狭かった。四〇センチ四方の空間しかない。これまでどおり公募展に出したい僕としては、少なくとも五〇センチは欲しかった。ところが、条件にかなう窯はほとんどない。窯詰《かまづ》め作業のやりやすさを配慮してのことだと思うが、かなり大きな窯でも横長になるだけで、幅が足りないのだ。もっと大型になると幅も広くなるのだが、それは無理だ。電気の問題が出てくる。一〇キロワットを超えると一般家庭ではそのままでは使えない。先生の教室のように、電柱から直接ラインを引かなくてはいけない。

「しかし、なあ……」。福岡のマンションは一〇階である。そこまで電線が引けるだろうか。引くとなると、とうぜん大家さんの了解がいるだろう。はたして、大家は了解するか。立場をかえてみれば結果は想像がつく。僕は目の前が真っ暗になった。一戸建てを探し直そうか。郊外に出たっていいじゃないか。地方で暮らすのなら、もっと緑の豊かなところも悪くない。山の中から通ってくる単身赴任者というのも面白い。いっそ、人里離れたところを借りて、登り窯を作ってやろうか。冗談とも本気ともつかぬことまで考えた。条件に合う窯を求めて、あちこちに問い合わせをするうち、メーカーのひとつから福音があった。

「容積が同じなら、幅の広いものはできますよ。特注にはなりますけど」

言われるまで気づかなかったが、容積さえ変わらなければ、使う電力は同じなのであった。僕は今まで、大量生産の物しか買ったことがなかった。まさか、電気製品を特注できるとは思ってもみなかった。同じ容積になるようさまざまに計算した結果、窯の内径を五五×五五×五〇センチ（縦・横・深さ）に決めた。見積もりを取ると、端数値引きの一〇〇万円ジャストだった。これはもう、予算オーバーなどというレベルの金額ではない。だが、この一〇〇万はレジャー費ではない。慣れない土地で、精神的に健全な生活を送るためには欠かせない福利厚生費なのだ。そう自分に言い聞かせた。ゴルフやってる連中のなかには、それくらい一年で使っている人間だっているじゃないか。

自宅のマンションを買ったとき、ローンの一部を父から借金した。父名義の口座に一四年間、毎月少しずつ返してきたが手つかずである。

「息子の窮地を救うためなら、ワシに異論のあろうはずがない。必要なだけ使ってくれ」

父の気持ちを（もちろん勝手にではあるが）推し量り、すでに返した中からふたたび一〇〇万を借りることにした（夏休みに帰省したとき、事後承諾をもらった。孫の姿に相好《そう》《ごう》を崩している隙に、という誠に正しい手続きを踏んだのである）。

窯はでき上がるまでに一カ月ほどかかるという。福岡のマンションに送ってもらうことにする。

窯の一件が片づいて、ひと息ついたころ、仕事仲間が壮行会を開いてくれた。その席で、僕は宣言した。

「向こうでは、オンナよりカマに狂いますっ」

赴任までの日々はまたたくうちに過ぎて、陶芸用品と引っ越し荷物は、もとい、引っ越し荷物と陶芸用品は輸送トラックにのせられた。部屋をふさいでいた大量の荷物がなくなって、家の中がガランとして見えた。これから、僕のいない、妻と娘だけの生活が始まるのだという事実が、いやでも現実として見えてきた。この数週間、自分の心配ばかりしてきた。妻の負担が重くなりすぎることについては、何も解決していなかった。家族のカタチは、どう変わってゆくのだろう。トラックを見送りながら、陶芸は救いに思えた。少なくとも僕にとっては、そう思えた。

転勤騒動のさなかではあったが、伝統工芸新作展の締め切りにはなんとか間に合わすことができた。入選だった。「陶芸教室の釉薬を使って……」とはもう言われないが、それはどうでもよかった。サラリーマンの宿命である転勤を前にして、僕に陶芸がなかったらどうなっていただろう。自分を完全に見失いそうになりながら、なんとか踏みとどまることができた。支えてくれたひとつが陶芸であったことは間違いない。わずか三年のあいだに、僕の中でそこまで大きな位置を占めるまでに育っていたことが不思議だった。

「工房」化計画実行

引っ越しを手伝ってくれた妻と娘が帰ると、ひとりの生活が始まった。転勤のためにあたえられた有給休暇の残りを使って、電気・水道・ガス・電話料金などの手続きのために銀行や市役所を往復する日々が続いた。

マンションの「工房」化計画も着々と進んでいた。荷解きしたものを、しかるべき場所に設置してゆく。

ルーフ・バルコニーからとりかかる。まずは土練り台。組み立てるだけでいいように、東京で準備万端ととのえてきた。マンションは、僕の部屋以外はすべてワンルームで、昼間は誰もいない。階下を気にせず、ガンガン釘を打ちこむ。土練り台を作るのは二度目だというのに、でき上がってみると、どういうわけか、かなりの量の木材が残った。やはり頭脳が理数系ではないと思い知ったが、得をした気分で一人用のベンチを作った。夏には土練り台をテーブルに、美味いビールが飲めそうだ。

続いてプラスチック製の物置用トランクを並べる。カマボコ型の、大型のものが四個。

釉薬材料の保管庫にするつもりだ。次は粘土。三〇キロの袋で二〇個、計六〇〇キロを、ふうふう言いながら日陰に積み上げる。

ルーフ・バルコニーが終わると、部屋の中の整理にとりかかる。まず、フローリングのダイニング・キッチン。ここは、わが工房の心臓部になる。ロクロのドベが飛び散りそうな範囲に、ビニール・カーペットを敷く。壁も胸の高さまでビニールを貼ってピンで留める。カラーボックスを裏向きに並べて、和室との境を仕切る。これにもビニールを貼った。カラーボックスと向き合うようにロクロを設置する。ロクロの左隣にカラーボックスをもうひとつ置く。これは、ロクロ作業中に使うコテや弓などの小道具を置く台になる。右隣には道具入れをセッティングする。スーパーのキッチン用品の売り場で見つけた、四段のカゴがついたワゴンを転用した。

それぞれが惚れぼれするほどピタリと納まった。でき上がりの部屋のイメージを、頭が痛くなるほどシミュレーションした甲斐があった。テーブルと冷蔵庫とロクロに囲まれた空間がガランとして寂しいが、今はこれでいいのだ。一カ月もすれば、この部屋の御本尊、あこがれの電気窯が入るのである。

和室に移る。ダイニング・キッチンとの仕切りに使ったカラーボックスは、和室から見れば本箱である。送った五〇冊ほどの本を並べてゆく。この部屋に持ちこむのは、美術・工芸関係のものだけに絞った。本が終わると、一畳ほどのスペースにビニールシートを敷き、背丈くらいの高さのスチール棚を設置する。素焼きを待つ器の保管棚である。

わがマンションは、しだいに単身赴任者の部屋とは思えないものに変身を遂げていった。これで窯が届けば「工房」化計画は完了である。コーヒーを飲みながら、ほっと一息ついているとき、ある疑念が浮かんだ。

「窯はエレベーターに入るだろうか」

部屋のドアはきっちり採寸してメーカーに連絡しておいたのだが、エレベーターは盲点だった。測ってみると案の定、部屋のドアよりも狭かった。恐る恐る電話を入れると、頼もしい声が返ってきた。

「大丈夫です。それでしたら、薄くても断熱効果の高い新素材を使いますから」

危ういところだった。このまま気がつかなかったら、届いた窯は一階のエレベーターの前で立ち往生するところだった。

福岡ではじめて迎えた週末。小皿を作ってみる。荒練り、菊練りにも土練り台はガタつかない。ロクロで一〇個ほどの皿を作った。ロクロ挽きした器は、ゆっくりと水分を蒸発させないと底切れしてしまう。脱衣所の洗濯機の上が空いているのに目をつけた。スーパーに自転車をとばして、「突っ張り棒」を四本買ってきた。前後二段に突っ張り棒を渡して、板ごと成形を終えた作品をのせた。脱衣所のドアを閉めて、風呂のドアを開ければ適度の湿気で、いい具合に乾燥してくれるはずだ。

ところで、スーパーに行ったとき夕食の材料もいっしょに買ったのだが、袋をぶら下げて出たところで営業部の後輩に会った。奥さんもいっしょだった。週明けに会社で顔を合わせたとき、「今度、鍋に招待しますよ。ひとりじゃできないでしょうから」と言ってくれた。中年男の買い物姿を気の毒に思った奥さんからの提案だろう。ひとりで鍋がやりにくいのはたしかだが、よその家に行って鍋をご馳走になろうとは思わない。一家団欒《だんらん》の湯気など見たら、寒い部屋に帰るのがいやになってしまう。「ああ無情(レ・ミゼラブル)」の主人公、ジャン・バルジャンが銀の食器を盗んでしまったのは、温かい食卓を見てしまったからではないか。僕は小学校の学芸会で神父さん役をやったことなどを思い出しながら、気持ちだけありがたくいただくことにした。

翌、日曜日。天気がいいので出かけることにする。唐津の窯元《かまもと》を訪ねてみようと電車に乗った。唐津には一時間一五分ほどで着いた。めざすは「隆太窯《りゅうたがま》」。唐津焼の中里隆《たかし》さんの窯だ。駅でタクシーを拾った。女性の運転手さんだった。

「ああ、隆太さんですね」

マンションの中に作ったロクロ・コーナー

窯の名前を「さん」づけで呼ぶ、その語感がとても良かった。やきものの町に来たんだという実感があった。市街地を抜けて一〇分あまり。民家がとぎれて、山道をしばらく登ったところに中里さんの工房があった。谷はひっそりと春の陽射しを浴びていた。「ちくしょう、いい暮らししてるなあ」（もちろん、自然に囲まれた人間らしい暮らしという意味である）

思わずため息まじりの声を出したら、池のアヒルが「ガガガッ」と不審尋問ふうな声をたてた。

中里さんとは面識はないのだが、NHKの衛星放送の番組で話をされているのを見て、その笑顔に惹《ひ》かれて以来の隠れファン。陶芸家でありながら、クラシック音楽に造詣《ぞうけい》が深く、東欧からアーティストを呼んでコンサートを開催したりする人だ。

九州は、音楽、美術、建築、食、広告など、それぞれの文化が個別の穴に閉じこもることなく交流し合っているというのが僕の印象なのだが、中里さんは、そんな九州のクロス・オーバー文化をまさに体現している人物である。

残念ながら中里さんは不在で、ご子息の太亀《たき》さんとしばらく話をすることができた。若手の唐津焼作家として注目されている人である。突然の訪問にもかかわらず、種子島《たねがしま》焼《やき》の鉄砲窯《てっぽうがま》（炎がまっすぐに流れるトンネルのような窯、窖窯《あながま》の一種のようだ）や、四台の蹴《け》ロクロが並んだ風格のある工房を案内してくれた。展示室を見せていただき、粉引《こびき》の茶碗をひとつ購入した。お茶用のものと思われたが、ご飯茶碗にするつもりである。自分の血となり肉となるご飯は、気持ちのいい人の手になるものでいただきたいもの。ひとり暮らしだから、なおさらそう思った。

「陶芸をやる方なら」と、個展のときの図録をいただいた。窯を焚くときに見学させてもらう約束も、いささか無理やりながら取りつけた。その際は、隙さえあれば薪の一本もくべてやろうという心づもりである。

転勤して一カ月もしないうちに、ゴールデン・ウイークに突入した。まだ、仕事は本格的には動き出さない。飛び連休を有給でつないで、東京の家族のもとに帰った。

一カ月のあいだに、妻と娘だけの生活が当たり前のことになろうとしていた。トレーナーを着ようとタンスを開けると、妻のものが入っている。

「俺のは、どこ？」

「寝室のタンスの、上から三番目」

以前は、娘の服が入っていた場所だ。変わったわが家のルールに取り残されている。ゴミを出すのは僕の役だったのに、二人でさっさと出しにゆく。以前は、こういう状況になったら風雲急を告げている証拠だった。しかし、もどってきた二人は機嫌がいい。娘が駆けよってきて「お母さん怒ってるよ。少しは手伝いなよ」と耳打ちするわけでもない。久しぶりに帰って大事にされているというのともちょっと違う感じで、落ち着かない。もっとも、週の後半には、ボケーッとしていると文句を言われるようになった。そんなことで、わが家に帰ってきたのを実感できるというのも、妙なものである。

そして、残り二日という日に、その言葉が妻から出た。

「今度はいつ東京にくるの？」

すぐに気づいて「いつ帰るの？」と、言い直した。どちらが先に口にしてしまうか、気になっていた言葉である。

会社では、「東京に行く」、「福岡に帰る」を使わないと、腰かけで来ているようでまずい。だが、家族と電話で話すときは「東京に帰る」であり、「福岡に行く」である。かなり気をつかって使い分けてきた。どうしても自分のいる福岡を中心に考えてしまいがちで、僕のほうもそろそろ限界にきていた。妻のほうからその言葉が出たことが、ちょっとさびしく、またほっとしたのも事実である。

一週間はあっという間に過ぎた。それほど後ろ髪をひかれることなく東京をあとにすることができたのは、まもなく届くはずの窯のおかげだった。

工場での完成がすこし遅れて、やきもきさせられたが、五月下旬には待望の電気窯が届いた。インターホンで報せを受けて、マンションの玄関に降りてゆくとトラックが来ていた。運転手さんと助手さんが窯を降ろそうとしている。待ちに待った、窯とのご対面である。

グレーに塗られた鉄の箱が巨大に見えた。その無骨なスタイルには、大量生産ではない、手作りの器械ならではの存在感があった。二人で降ろすのに難儀している。二〇〇キロ近くはありそうだ。僕も手を貸す。少年の日に、わが家にはじめてテレビが来たとき。クルマが来たとき。それ以来の、三〇年ぶりに得たモノとの対面の喜びではなかったろうか（そういえば、ときめく商品というのは、どういうわけか「買うもの」ではなくて「来る」ものなのだ）。ＣＭプランナーの僕は、長らく忘れていた「人と商品との幸せな関係」について思いを巡らせた。が、それも長くは続かなかった。管理人さんがとんで来たのだ。

「いったい何が来たんですか？」

「陶芸の窯ですけど、危険はないです。中は熱くなっても、外側は触れるくらいですから」

僕は身を固くしながらも、メーカーに言われたとおりのことを話した。それはまるで、パンク・ファッションの男を結婚相手として親に紹介する、良家の子女のような心境だった。かばえばかばうほどアブナそうに見えてしまう。ところが奇跡が起きた。管理人さんは、こう言ったのだ。

「いい趣味をお持ちですねえ」

やきものが好きな人だった。「がんばって下さい」とまで言ってくれた。事なきを得たというより、見逃してくれたというのがおそらく正しいだろう。

さて、一難去ってまた一難。契約では「車上渡《しやじよう》し」になっているという。言葉の厳密な意味は知らないが、荷台から降ろしてくれたこと自体が、すでに好意であるらしい。

「しかし、あなたも困りますよねえ」

運転手さんは自分で言っておいて、気の毒そうに僕を見た。こんな重いものをトラックのわきに降ろしたままで帰られたら、お手上げである。窯には移動のための車輪がついているとはいえ、段差のあるマンションの玄関はどうする？　エレベーターは？　部屋の入り口は？　すがるような目で、僕は二人を交互に見た。

「おい、運ぼう」

運転手さんが助手さんに声をかけた。窯は、三人に押されてゴロゴロと鈍い音を立てて玄関を移動した。エレベーターにも、ドアの幅ギリギリで無事のった。あのとき気づいてメーカーにサイズ変更の連絡していなかったら――。背中を汗が流れたのは、押している窯の重さのせいばかりではなかった。

窯が部屋に入ると、「それじゃ」と二人は帰ろうとする。

「あそこに置きたいんですが……」

僕は部屋のいちばん奥を指さした。二人はヤレヤレという顔を見合わせていたが、すぐに手伝ってくれた。帰ろうとする二人に、千円札二枚を受け取ってもらった。「お礼のしるし」というものを、これほど素直な気持ちで渡せたのははじめてのことだった。

窯はダイニング・キッチンに無事納まった。部屋の中であらためて見ると、やはりでかい。洗濯機四台分くらいの大きさがある。火事だけは絶対に出してはならない。燃えやすいものからは、最低五〇センチは離したい。テーブル、ロクロ、冷蔵庫、壁、窓が、窯をぐるりと取り囲むことになった。流しとテーブルが近すぎる。炊事のときは横歩きになってしまうが、ま、そのくらいは我慢するしかないだろう。

電気に無知というのは恐ろしいものである。窯にはコードがついてくるものと僕は思っていた。それも、ふつうの家電製品のようなコードを想像していた。「コードもコンセントもついてないんですけど、送り忘れてませんか」メーカーに電話を入れると、むこうが慌てた。

「電気工事店に頼んで、太いコードを引いて下さい。ふつうのなんか使えませんよ」

一〇キロワットという数字を甘く見ていた。一〇キロワットとは、一万ワットなのである。一〇〇ワットの一〇〇倍なのである。

電話帳で近所の電気工事店を探して電話した。年配の女性が電話口に出て、取りついだ。

「オトーサン、ちょっとお願いできますか？」

言葉づかいがとてもいいと思った。さすが九州男児は家での扱われ方も違うらしい（別に、僕の家とくらべているわけではない）。電話をかわった「オトーサン」は、僕の説明を聞きながら考えこんだり、こちらのあまりの無知さかげんに噴き出したりした。

「マンションには二〇〇ボルトが入っているから、三相《さんそう》の電気窯なら大丈夫と聞いたんですが……」

「三相」が何を意味するのか、僕は知らない。電気の容量と関係する言葉らしいのだが、メーカーに教わったとおりを喋っているだけである。

「いや、二〇〇ボルトいうても、一〇〇ボルトと一〇〇ボルトで二〇〇やけん、足したらいかんですばい」

「え？　足してはダメなんですか？」

さっぱり分からない。このマンションでは窯が使えないということなのか。まさか、そんなことが——。電気の知識がないうえに、バリバリの博多弁で喋られたのでは、こちらのアタマが混乱するばかりである。とりあえずは、窯とマンションの電源がどうなっているかを見せてもらってから、という話になった。

現れたのは、六〇代前半とおぼしき職人然としたおじさんだった。ゴマ塩頭で、顔を見ただけで何とかしてくれそうな安心感が漂っている。妻に「ちょっとお願いできます

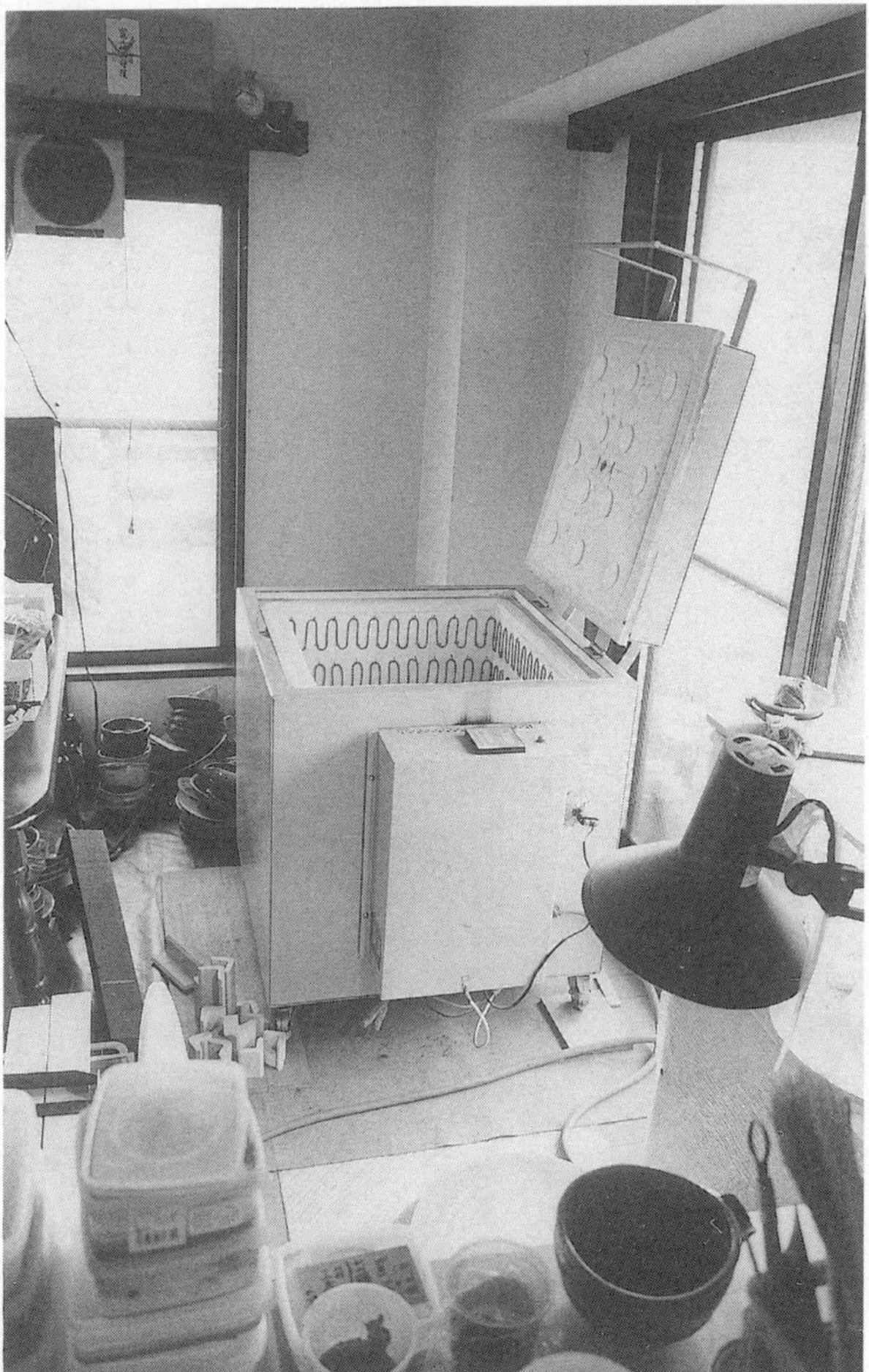

わが「工房」の御本尊、10キロワットの電気窯

か？」と言ってもらうためには、このくらいの風格が必要なのである。

「いやいや、すごかもんの入っとりますなあ」

おじさんは窯を一目見るなり、声をあげた。専門家に驚かれると、素人のこちらには脅《おび》えが走る。

「一〇キロワットといやあ、小まか町工場《こうば》ぐらいの電気ば使いますばい。ヘタすると、部屋のブレーカーが落ちるばっかりやのうて、一〇階のフロアー全体のブレーカーが落ちるかもしれん」

続いて矢継ぎ早の質問があって、僕はそれに答えた。他の部屋はワンルームで、それほど電気を使うとは思えないこと。三部屋が同時に電子レンジを使うことはないだろうこと。僕はドキドキしていた。無理だと判断されて断られたら、おしまいである。だからといって、正直に話さないとあとが危険だ。お医者さんに症状をすべて話して、診断の結果を待っている患者のような気持ちだった。

「どげんかなるかいな、どげんかなるかいな」

独り言をくり返したあと、おじさんは行動を開始した。窯と、玄関のブレーカーと、外のメーターとを行ったり来たりしながら、人差し指をあちこちの方向に動かした。壁の中に隠れている配線を確認している様子だった。やがて「よかでしょ」と言い残して部屋を出ていった。

もどってきたときには、太いコードが肩に巻かれていた。

「壁にいくつか穴ばほがして（開けて）、よござっしょうか」

「……はい」

ほかにどんな返事があるというのだ。「ウイーン、ギュルギュルギュル……」。電動ドリルの音が響く。部屋を出るときのことを考えると、気が気ではなかった。ブレーカーの横に窯専用のスイッチがついた。そこから五メートルほどコードを伸ばして窯に取りつける。コードといっても親指くらいの太さの代物《しろもの》である。部屋の中に水道のホースが一本横たわっていると想像してもらえば、かなり正しい認識である。電話での話から、すでにおじさんのアタマの中には方法論が組み立てられていたようで、機材はすべて軽トラックから運ばれたもので間に合った。三〇分くらいで作業が終わった。

「窯に火い入れるときゃ、ほかの電気ばなるべく使わんごと。とくに電子レンジは使わんごととかな」との注意があった。

「それでもブレーカーが落ちるごたあなら、考えてみるけん、そんときゃ連絡ばもらやあよかばい」

おじさんは、そう言い残して帰っていった。

まずは酸化焼成

陶芸教室に通い始めてから「陶芸ノート」をつけている。手びねりによる湯飲みの作り方にはじまり、ロクロの挽《ひ》き方、釉薬の調合など先生から教わったことや自分で思いついたことなどを書きとめるのが習慣になった。小さなメモ帳から、大学ノート、厚めの大学ノートと出世してきた。

三冊目の、そのページには「'95 6／15『初の火入れ』」と記している。はじめて自分の窯にスイッチを入れた記念すべき日である。その日は六〇〇度までしか昇温させていない。おっかなびっくり始めているのがノートの行間から感じられて懐かしい。

窯は電気が入りっぱなしというのではなく、入ったり切れたりをくり返しながら昇温してゆく。

「ブー……ブー……」と、通電するたびに低くうなるような音がする。昼間はそうでもないが、夜中は気になるくらいに響く。通電するたびにかなりの負担がかかるらしく、デスクスタンドの白熱電球が暗くなる。電熱線に酸化皮膜を作って強度をもたせるために、一一〇〇度以上で七、八回は酸化焼成をするようにメーカーから言われていた。早く還元焼成をやりたいが、はじめが肝心。酸化焼成をきっちりやってからだ。

いずれにしても、本焼きの前には素焼きの工程が必要だ。ロクロ挽きして乾燥させておいた小皿を、素焼きにまわす。一〇時間かけて八〇〇度まであげる。冷めるのを待って取り出し、透明釉を掛ける。

いよいよ、はじめての本焼きがやれるのだ。

自動焼成装置に焼成パターンを入力する。これは大した装置で、好きな焼成パターンを設定すれば、スイッチを入れるだけで勝手に焼き上げてくれる。たとえば「常温から九五〇度まで五時間、九五〇度を三〇分キープ、一二五〇度まで六時間、そのまま最高温度を一時間キープ」などという焼成パターンが自由自在だ。セットするのはかんたんで、メカに弱い僕でも、家電なみに扱うことができる。いや、「家電なみ」という言い方は正確ではない。わが家のビデオを新しいのに買い換えてから一年以上経つのだが、いまだに予約録画のやりかたがよく分からない。そんな筋金入りのメカ・オンチの僕でさえも、使いこなせるのである。登り窯などで焼いている陶芸家から見れば、オモチャのような装置にすぎないかもしれない。しかし、火力の切り換えに立ち会う必要がないというのは、仕事を持つ身には力強い味方である。

さて、はじめての本焼きの日。帰宅してすぐに窯のスイッチを入れた。翌朝九一二三〇度まで上がり、焼成を終えるはずである。午前五時には目が覚めた。窯の様子を見に行く。温度の表示は一一八九度。順調だ。しかし、ほっとしたのも束の間だった。一二〇〇度に上がったのを確認した直後、ブレーカーが落ちた。すぐにブレーカーをもどしたが、また落ちた。これ以上やると、熱をもって危険である。やむなく窯のスイッチを切った。

夜、窯が冷めてから蓋を開けてみた。やはり生焼けで、釉薬が溶けていない。透明になるはずが不透明な白で、ところどころに粒々《つぶつぶ》が残っている。洗濯機を回したのがいけなかったに違いない。ブレーカーが落ちた原因を、そう結論づけて、もういちど本焼きをやる。それでもブレーカーは落ちた。翌日も、その翌日も同じだった。

五回試した本焼きは、いずれも設定した一二三〇度に届かなかった。ノートには短い言葉が書いてある。「一一八〇度あたりで切れる」。「一二二五度でブレーカー落ちる」。「一一九五度でおちる」。しだいに文字に元気がなくなっている。僕もただ手をこまねいて同じことをくり返していたわけではない。焼成のたびに、電源を切る器具の数を増やしていった。ロクロ、ステレオ、ワープロ、かなり迷ったが冷蔵庫もコンセントを抜いた。もちろん、電子レンジや洗濯機は使わない。最後は照明もすべて消した。少しでも負担を少なくしようと、電話（ファクシミリと一体型のもの）のコンセントまで外した。真っ暗な部屋に、窯に通電する「ブー……ブー……」という音だけが、やけに大きく響

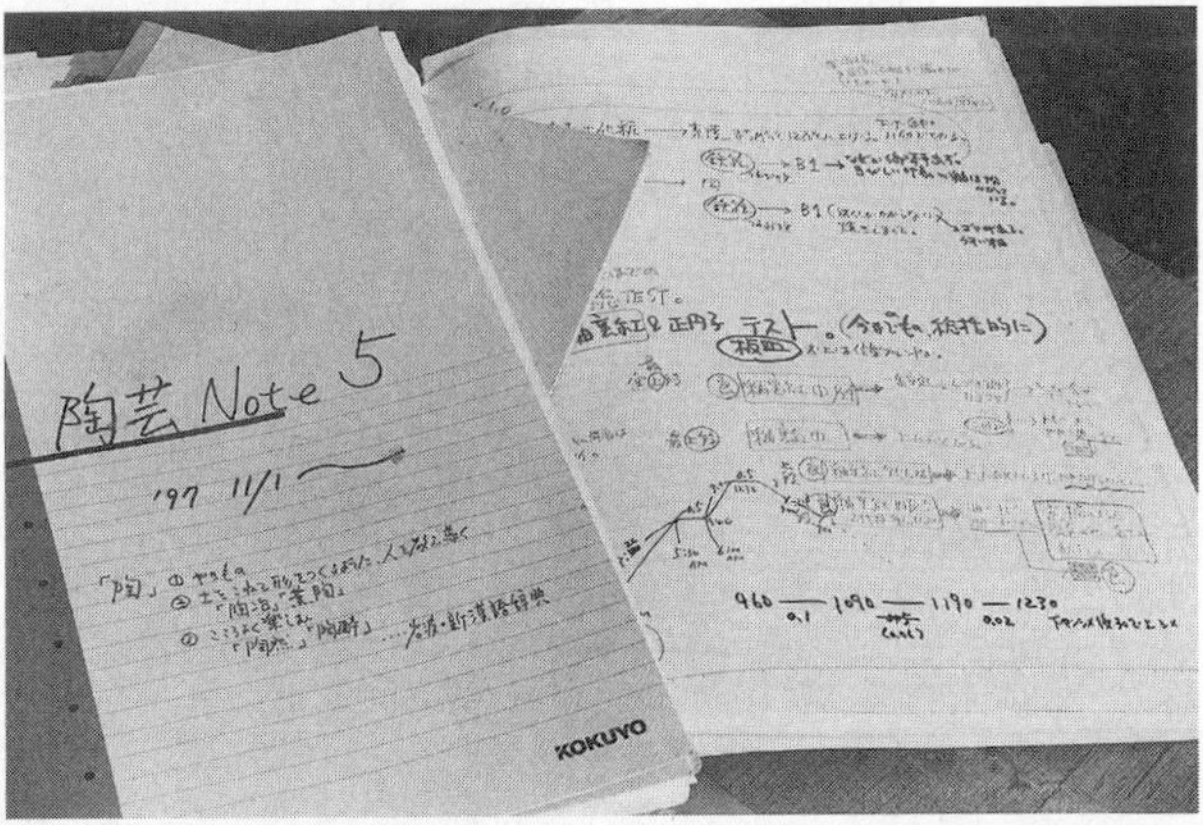

釉薬の調合、焼成データなどを書きこんだ陶芸ノート

いた。電力会社のCMも真っ青の、究極の節電である。それでも、ブレーカーは落ちた。電気工事店に電話を入れた。「やっぱりねえ」というのが、おじさんの第一声だった。予想はしていたらしい。翌朝、僕の出勤前に来てくれた。そして、電気のメーターを大きいのに変えた。

「カネばかかるけん、もったいなか思うて、ようすば見たっちゃけど……」

いい人である。いくらだったか忘れたが、それほどの額ではなかった。予算オーバーをくり返して出費に鈍感になってしまっていた僕には、職人気質のおじさんの真っ当な金銭感覚が新鮮なものに思えた。

翌日のノートには「成功」の文字が躍っている。試しに電子レンジを使ってみたが問題はなかった。

気が抜けたのだろう。慣れもあって、窯に対する緊張感がゆるんでいた。「オレンジ色に染まる午前二時の部屋事件」が起きたのはその数日後のことである。

その日、帰宅するとすぐに釉薬を掛けた。器を窯につめて、電源を入れた。蒸発する水分を逃がすために、三〇〇度くらいまでは窯の蓋を五センチほど開けておく。冷蔵庫の缶ビールを一本あけた。和室でワープロに向かったが、連日の睡眠不足から眠気が襲ってきた。仮眠をとろうとゴロンと横になった。九州は夜の来るのが東京よりも四〇分くらい遅い。部屋は薄暗くなりかけていたが、窓の外にはまだ夕焼けの残照があった。

どのくらい経《た》ったのだろう。暑苦しくて目が覚めた。喉がカラカラに渇いている。首に手をやると汗でびっしょりと濡れている。どうも、部屋の様子がおかしい。ヘンなかっこうで寝たのでカラダが固まって動かない。ゆっくりと首をまわしてみる。

まだ夕焼けが続いているのかと思った。メガネをはずしたままなのでボーッとしか見えないが、ダイニング・キッチンの壁から天井にかけてが妙に明るい。明るいといっても、オレンジ色に近い色だ。電気窯に通電する音が断続的に続いている。「火事か？」。恐怖が走った。「落ちつけ、落ちつけ」。上体を起こして、焦点の合わない目を凝らして天井をにらむ。オレンジ色の光は動かない。燃えてはいないようだ。では何が起こったのだ。どんな事態が起きていても、冷静に対処しようと自分に言い聞かせてから、ゆっくり立ち上がった。

電気窯の五センチほど開いた窯の隙間から、強いビームが出ていた。冷蔵庫とその上に置いた電子レンジの影が、壁に大きく映し出されている。とにかく蓋を閉めなくては——。あかりを点け、近寄ってようすをみる。電熱線が明るい色に輝き、窯の中全体がオレンジに発色している。熱気をもろに受けた把手は、とても手で触れる状態ではない。外に角材があったはずだ。ルーフ・バルコニーに走る。二本の角材を使って、何とか窯の蓋を閉めたが、しばらく心臓のドキドキが止まらなかった。落ちついてから窯の温度をみると、すでに一〇〇〇度近くまで上がっていた。

この事件があって以来、窯の温度が三〇〇度を超えて蓋を完全に閉めてしまうまでは、絶対にビールには手を触れないことにしている。

還元焼成にご用心!

計八回の酸化焼成が終わった。見た目には分からないが、電熱線にはもう充分な酸化皮膜ができているはずである。いよいよ、還元焼成を始めることができる。酸化焼成は温度を上げてゆくだけでいいが、還元はちょっとめんどうだ。九五〇度あたりまで昇温《しょうおん》させて、釉薬が溶けはじめた時点で窯の中の酸素を奪うという焼き方。釉薬や粘土に含まれる金属の微粒子が還元されて、酸化とはまったく違う色合いに焼き上がる。窯の中の酸素を奪う方法はいろいろあるが、電気窯の場合はプロパンガスをバーナーで吹きこむのが一般的だ。

僕の電気窯もこのタイプなので、ガス屋さんとは懇意にしておく必要があった。電話帳で最寄りの店を探して電話を入れた。最寄りというより、界隈にはその店しかなかったのだ。電話を受けたのは年輩の女性で、「ガスは届けてもいいが、ボンベは買ってほしい」との条件つき。その方面の商習慣は知らないが、電気を送るから電信柱は買ってくれと言われたような理不尽さを感じた。しかし、そこはぐっと我慢した。友好関係樹立という大局のためには、忍ばねばならないこともある。

「それでけっこうです。助かります」と、明るく言った。相手が電話を切ったあと、「アシモトミヤガッテ」という声を聞いたのは僕の受話器だけである。

さて、五キロ入りのボンベが届き、記念すべきはじめての「還元焼成」をスタートする。ボンベから伸ばしたガス管にバーナーをセットする。バーナーは窯の付属品としていっしょに送られてきたものだ。窯の下部にある差しこみ口を開けて、アウトドア用のライターでバーナーに点火する。ゴーッと音をたてて、炎が勢いよく窯の中に吸いこまれてゆく。蓋に開けられた排気口からススが出はじめた。予想外にススの量が多い。洗濯物が汚れないかと心配になる（いつまでも部屋の中にぶらさげているのが悪いのであるが）。そんなことよりも、問題は一酸化炭素だ。窓をいっぱいに開けているが、ガス中毒が心配になる。以前、浜渡先生がガス中毒で入院したのを思い出す。

先生は、教室で還元焼成をやっていた。真冬の夜のことで窓は閉めきっていた。熱心な女性の生徒が一人、作業をするためにやってきた。しばらくすると、彼女は頭が痛いと訴えた。にぶい、もとい！　体の頑健な先生は、それまで「どうも体調が悪い」くらいにしか感じていなかったらしい。心臓の鼓動が耳の中で大きく響き、左の胸がバクバク波打っていたというのに、である。彼女が頭痛を訴えるに至って、はじめて排気ガスを疑った。薄くなった酸素を、心臓が懸命のフル稼働で全身に送り届けようとしていたのだ。意識ははっきりしているのに、体が思うように動いてくれない。窯のある部屋までやっとたどり着き、ガスを止めて窓を全開にした。排気ガスの充満したその部屋で倒れなかったのが不思議なくらいだ、と先生は言った。

もしもひとりで作業を続けていたら、先生は確実にアチラの世界に行ってしまっていた。地獄には土がたくさんあっても、天国で陶芸をやるのは難しそうだ。先生の性格なら間違いなく天国送りになるだろうから、助かって本当によかった。救急車で運ばれた病院での診断は、やはり「一酸化炭素中毒」だった。

「これ、遺作展に並んだかもしれないですね」

窯出しのとき冗談を言ってみたが、先生はじっと作品を見つめたままで笑わなかった。

そのあと、教室の窯にはものすごく立派な排気ダクトがつけられた。

還元をやるとなると排気ダクトが必要なことは、僕にも分かっていた。しかし、クルマを持ってきていないので、郊外にあるホームセンターには行きにくかった。「こんど東京にもどったときに買ってこよう」と、のんびり構えていたのがいけなかった。一二三〇度でガスを止めるまでの三時間、ときどきルーフ・バルコニーに出て新鮮な空気を吸って何とかしのいだ。しかし、命がけの焼成をこれ以上続けるわけにはいかない。

還元焼成の第一回目の結果は、期待どおりというものではなかった。グレーに焼き上がるはずの土肌《つちはだ》が、酸化のときのような茶色だった。ガス圧が低すぎたようだ。ま、初回はこんなものだろう。

東京にもどった週末、ホームセンターでアルミの排気ダクトを買った。片手で持てる軽さで、長さは一メートルあまり。蛇腹になっているから、窯の排気口から屋外にまで伸ばすことができる。

月曜の早朝、銀色の排気ダクトをぶらさげて、電車とモノレールを乗り継いで羽田空港に向かう。ラッシュアワーにはまだ間があり、電車はすいていたがモノレールは混んでいた。この時間は、観光客の姿も目につくが、二日間の休暇を終えてふたたび戦地に赴《おもむ》く単身赴任族も多い。何となく、ニオイでそれと分かる。

搭乗手続きを済ませ、搭乗口に向かう。手荷物チェックのため、女性の係員に排気ダクトを渡そうとしたら、男性警備員がとんできた。

「何ですかっ、これは」

今にも警備室に連れて行かれそうな迫力だった。

「排気ダクトです」

「ダクト?」

「はい、電気窯の……」

「デンキガマのダクト⁉」

相手が、すっとんきょうな声をあげたのは無理もない。「デンキガマ」といえば、ふつう世間一般には、ご飯を炊くものなのであった。説明しようかと思ったが、ますます話がややこしくなりそうなので口をつぐんだ。警備員氏は、しばらく手にとって点検していた。銀色に輝いているものの、指でつまみ上げられるほどの軽さでは、凶器にはならないと判断したのだろう。腑に落ちない表情のまま、押しつけるように返してよこした。時、あたかも「地下鉄サリン事件」に揺れていたころで、指名手配者の写真が空港にも貼り出してあった。

僕は今でも、あの警備員氏のことをときどき思い出しては心配している。空港で出会った男のことが脳裏に浮かんで、眠れなくなったりしていないだろうか。電気釜に排気ダクトをつけてご飯を炊いている風変わりな男のことが、である。

さて、排気ダクトは無事マンションに運びこまれた。ところどころを針金で縛り、その針金の先に輪をつくった。カーテン・レールの上などの目立たないところに釘を数本打って、そこに針金の輪を引っかけてダクトを吊った。ダクトの一方の口は窯の排気口にかぶせるように曲げ、もう一方は窓の外に出した。ガスを使わないときには取り外せるから、窯の開け閉めに支障はない。ススと一酸化炭素は気持ちよく屋外に流れていった。

還元焼成が、ようやく本格的にスタートしたかに見えた。ところが、窯の内部に重大な問題が起こっていた。窯を焚くたびに、電熱線の溶接部分がやせて細くなってゆく。はじめは気のせいかと思った。物差しで太さを計って、もう一度焚いてみる。焼成が終わったあとで点検すると、明らかにやせていた。本来の太さからすると半分くらいになってしまっていた。

このままでは、断線するのは時間の問題だ。すぐにメーカーに電話を入れた。かなりの剣幕で文句を言った。納入が予定より遅れたことまで持ち出した記憶がある。

「技術部門のOが留守なので、もどったら電話させます。すぐに帰ってくるはずです」との返事だった。朝一〇時に電話を入れてから、ひたすら待った。午後一時を過ぎたころ、こちらからかけてみようとして、思い直した。こうなったら、こちらからは電話をしない。今日中にかかってこなくてもいい。電話があったときに、思いっきり文句をいってやろう。電話が遅ければ遅いほど、修理代も値切りやすい。「電話を入れたんですが、お留守だったもので……」。そんな言い訳で逃がしてたまるか。部屋から一歩も外に出ないことに決めて、遅い昼食をインスタント・ラーメンですませた。

午後三時を少しまわったとき、電話が鳴った。

「たいへん遅くなりました、×××のOですが」

僕はアドレナリンが全身を駆けめぐるのを感じながら、大きく息を吸いこんだ。大津波の前に潮が引くのと同じ現象である。

「今、博多駅に着いたんですが、そちらに伺うには……」

言葉が出なかった。窯のメーカーがあるのは岐阜県多治見《たじみ》市。そこからまず名古屋駅に出るのに、どのくらいかかるのだろう。そして名古屋から博多まで。時計を見た。電話を入れてから、まだ五時間あまり。すっ飛んで来てくれたのだ。

「連絡入れてると、新幹線に乗るのが一便《びん》遅れそうだったもんで、すみません」

「い、いえ、ご苦労さまです……」

僕の完敗である。こういう「誠意」を見せられてしまったら、おしまいである。

ほどなくOさんは現れた。電熱線をすべてはずして、大きなバッグから取り出した新品に替えてくれた。技術者らしい口数の少ない人だったが、質問するときちんと答えてくれた。焚き方を教えるのがうれしそうで、窯を作った人ならではの愛着が感じられた。アドバイスによると、この窯の場合、ガス圧は〇・一が基本だった。僕は〇・〇二くらいでやっていたから、還元のかかりが弱いはずである。

わざわざ来てくれたことに恐縮して礼をいうと、わざわざ来たわけではないと言った。有田《ありた》をまわる予定を早めてこちらに来たのだ、と。僕なら、絶対にそういう言い方はしない。万難排して来てくれたと思っている相手に、自分からバラす必要はない。「急いで行くより、電話一本」という言葉がビジネスの世界にはある。「一五分遅れると思ったら、三〇分遅れると言え」というのもある。相手は、急いで来てくれたと思うから。だが、Oさんを見ていると、世故に長けていることが、何ほどのものかと思ってしまう。事実、気持ちが離れかけていた窯のメーカーに対して、また信頼感をいだくようになってしまったのだから。Oさんは、出したお茶に手もつけずひきあげて行った。メーカーからの請求書は来なかった。

窯は直ったが、還元焼成をやるためには、もういちど酸化皮膜を作ることから始めなくてはならない。僕はあせっていた。というのは、大胆にも「日本伝統工芸展」を狙ってみることにしたのである。日本工芸会、文化庁などによる主催。僕が今まで出してきた「伝統工芸新作展」の全国区版だ。陶芸部門の入選者は二〇〇人あまり。ほとんどがプロ。プロのなかのプロである。そのなかには数人の人間国宝の名前も含まれている。伝統工芸の世界ではもっとも権威ある展覧会といっていいだろう。

三年前、はじめてこの展覧会を見に行き、工芸の美しさにとりつかれた。人の手がこれほどのものを作ることができることに驚かされた。これが僕のオッチョコチョイなところなのであるが、陶芸をやる以上、いつかはこのレベルまで行きたいと思った。陶芸教室に通いはじめたばかりの僕にとって、それはもちろん遠い夢でしかなかった。

僕はべつに「公募展亡者」ではない。地道な個展など、公募展とは無縁なところで素晴らしい作品を作っている陶芸家がたくさんいることを知っている。「作風が荒れる」と、公募展から距離をおいている作家もいる。ただ、僕のようなアマチュアが客観的な評価を受ける機会は、公募展のほかにはほとんどない。公募展に入選するということは「あるレベルまで達している」と評価されたことだし、「がんばったね」といってもらえることだ。公募展というモノサシに自分を合わせる必要はサラサラないが、ひとつのモノサシで計って自分がどのレベルにいるのかを知るための、たしかな方法だと思っている。

それだけではない。締め切りをにらんで集中してやるから、自分の技術レベルがぐんと上がるのが実感できる。まぎわになって慌てないで、ふだん作っておいた中から出品すればいいじゃないか、と思うかもしれない。僕だって、できることならそうしたい。しかし、それは無理だ。前に作ったときより、今のほうが上手《うま》くなっている。以前のものが気に入らなくなってしまうのだ。まだ下手だからかと思ったが、どうやらそうではないらしい。

仕事を通して知り合った有田の陶芸家は、日本伝統工芸展に二〇回入選の大ベテランである。締め切りの迫ったときにお会いした。

「この時期は毎年たいへんなんだよ。五個を素焼きしたところだけど、もう少し作らなきゃ」

ニヤリと笑って、ワイシャツをはだけてエレキバンだらけの肩を見せてくれた。ベテランにして、最後は倒れこむようにテープを切っているのだ。その執念が、振り返ってみると二〇回という数字になっているのだろう。姿勢として、教えられるところが多かった。

さて、日本伝統工芸展に挑戦しようと意気ごんでみたものの、窯の修理が終わったのは締め切りの三週間前。電熱線にもういちど酸化皮膜をつくらなければ還元はやれない。本焼きできるものはすでに焼いてしまっていた。やむなく、空焚《からだ》きをくり返す。出品するとなると、釉薬《ゆうやく》のテスト、釉裏紅《ゆうりこう》の調合など、やるべきことが山ほどある。出品用の大鉢をロクロで作りながら、焼成テスト用の小皿も作る。ロクロに向かうと、窯と背中の距離は六〇センチほどしかない。火の入った窯は猛烈に熱い。まるでカチカチ山のタヌキになったようである。

僕の言葉にそれほどの誇張はない。ふつう電気窯は、内部は一二〇〇度を超えても、断熱材で仕切られた外側はそれほどでもない。陶芸教室の窯もそうだった。室温も耐えられないほどにはならなかった。僕の窯だけが特別なのである。

窯のメーカーに注文したあとで、エレベーターの間口を計って慌てたことは前に書いた。

「薄くても断熱効果の高い新素材を使いますから大丈夫です」

そういわれてほっとしたのである。ところが、いざ同居生活を始めてみると、ちっとも大丈夫ではなかったのだ。はじめて本焼きをしたとき、外側も相当な高温になることが判明した。すぐに電話を入れた。

「熱いといっても、手で触れるくらいでしょう?」

「そんなものじゃないですよ。五〇センチ離した冷蔵庫の壁が触れないくらいですよ」

「……」

相手は絶句した。発火する心配はなさそうだが、念のためテーブルや冷蔵庫など、まわりのものを七〇センチは離すことにした。窯とロクロは一メートルも離れていない。あいだに椅子を入れてロクロに向かうときの背中の熱さを「カチカチ山のタヌキ」と表現しても、それほどの誇張とは言えないだろう。

酸化皮膜をつくるため八回の空焚きをしたあと、出品用の大鉢を入れて、還元焼成を始めた。大物はいちどに一個しか焼けない。

梅雨が明けて、夏がやってきた。窯に火が入ると部屋はサウナと化す。粘土はすぐに乾いてしまう。ロクロ挽きのあと細工の多いやり方をしている僕にとっては、乾きが早いのはつらい。結局、七月末の輸送搬入の締め切り日までに三回しか焼けなかった。ラスト・チャンスで焼いた大鉢は釉《ゆう》ちぢれが出て、胎土《たいど》が露出した部分があった。前のふたつにくらべれば出来は良かったが、入選はどう考えても無理だ。それでも出品することにした。

「いいものができなかったから出さない」というのでは、きっとクセになってしまう。次回にも、苦しいときの逃げ道に使ってしまいそうで嫌だった。

「たとえ悪くても出し続けるのだ」と決めれば、出品料や輸送料がもったいなくて逃げようがなくなる。出品料は一万円。輸送は美術品輸送となるために一万五〇〇〇円くらいかかる。合計二万五〇〇〇円は、福岡―東京の航空運賃に相当する。ドブに捨ててなるものか。

暑さと熱さと寝不足で、さすがに疲れたのだろう。ノートを見ると、最後に焼いてから四〇日あまり、九月中旬になるまで窯には火を入れていない。結果通知は予想どおりの落選。少しもがっかりしなかった。そんなに甘くては挑戦する意味がない。この一カ月を振り返ると、よくやったという思いが強かった。東京にも帰らず、がむしゃらにやってきた。土日と朝夜だけでは足りなくなって、たまった有給休暇を少し使った。集中して作る機会が持てたおかげで、大物に挑むことへの抵抗感がずいぶん薄れてきた。窯の焚き方も、少しずつだが分かってきた。応募しようと思わなかったら、とてもここまでこられなかった。同じ負けるにしても、負け方がだいじなのだ。僕としてはじゅうぶんに納得のいく挑戦結果だった。

それにしても、電気代の乱高下には驚いた。七月分の請求は三万円をオーバーした。あわてて公共料金引き落としの銀行口座の残高を確認するはめになった。七月は本焼き一回（八回の空焚きを含む）、素焼き四回を行った。窯が入るまえの四月、五月の請求は七〇〇〇円ほどだったから、本焼き一回あたり一八〇〇〇円、素焼きは一〇〇〇円くらいの電気代がかかったとみていいだろう。一度も窯に火を入れなかった翌八月分の請求は、夏休みで不在がちだったこともあるが、五〇〇〇円に満たなかった。

時間の確保

転勤してから陶芸ばかりやっているように書いてきたが、もちろん仕事もしている。サラリーマンだから、そんな陶芸三昧が許されるわけがない。組織の中の一員であり、それほど勝手はできない。肉体的にも精神的にも、相当ハードな仕事だと思っている。

転勤してすぐのころ、それまで業界紙に書いてきた広告エッセイめいたものを、本にしないかというお話をいただいた。古くなったものをはずし、全体の半分ほどを新たに書いた。

「陶芸やってるうえに、よくそんなことまでできるね」と、まわりからは呆れられた。ずぼらな性格を考えると自分でも不思議なのだが、やりたいことがあれば時間は生まれてくるものだ。

転勤してからの僕は、生活パターンを完全に変えてしまった。正しくいえば「変わってしまった」のである。東京時代は典型的な夜型だった。転勤を境に朝型に変わった。不思議なことに、朝きちんと起きられるようになった。

ロクロをやろうとか、ワープロに向かおうとか決めて寝ると、五時半には目が覚める。これは、中年になったということばかりではなさそうだ。はじめは目覚まし時計が必要だったが、半年くらいすると自然に覚めるようになった。目覚めて、もういちど寝るということをしなくなった。寝ているのがもったいなくて起きてしまう。二度寝が至福の時間だったのが嘘のようだ。起きて三〇分ほどは、土練りをやることもあるし、ワープロに向かうこともある。

六時過ぎから朝食づくり。朝ご飯は欠かしたことがない。「健康はお互いに自分で責任を持とう」と妻と話し合った。ひとり暮らしは不安だから、かえって規則正しく食べるようになった。一日に豆腐一丁はぜったいに食べる。ルーフ・バルコニーには家庭菜園まである。ニラ、オクラ、プチ・トマト、カイワレ、春菊などを育てている。スーパーのものと違って、ニラはしっかり臭いし、オクラは生で食べられる。湯通ししないと食べられないと思いこんでいたオクラだが、これがシャキッと美味《うま》いのである。夏の朝には、野菜とは思えないような風情《ふぜい》のある黄色い花をつける。スケッチブックを持ち出して何度か描きとめた。

六時半からはラジオ体操。そして、食事をすませてからの一時間半が完全に自分のものになる。朝に確保できる時間は、計二時間あまり。ロクロはそれくらいやれば、うど飽きてくるころだ。汚れたドベ受けと手桶を持ってバスルームへ。溶けた粘土べをバケツに移し、こびりついたのはスポンジでぬぐう。こうしておいてからシャワーで流してバケツにためると排水口がつまることはない。排水口の定期点検に来た人が「キレイなものですよ」と、太鼓判を押してくれた。バケツの底にドベが沈殿してから水を捨てる。それをくり返して、バケツが粘土でいっぱいになったら、ルーフ・バルコニーに置いた大きなプラスチックの箱（本来は衣装ケースだったものを転用した）に移す。完全に乾燥させてから水を加えて練れば、再生粘土として使うことができる。

さて、バスルームでドベを洗い終わったら、そのままシャワーで体を洗う。徒歩通勤だから、九時一〇分に家を出れば九時半の始業に間に合う。

仕事は基本的に就業時間内で終わらせる。支社は人手が少ないから、広告の企画を考えるのも個人プレーの割合が多くなる。東京のような大編成のチーム・ワークとしてのダイナミックさには欠けるものの、企画者個人の思いをCMに定着させやすいのも事実。チームの一人が深夜には体があくから、それから皆で打ち合わせをやろうなどということもほとんどない。就業時間内で終わらせるんだと集中してやれば、仕事ははかどる。

以前は、家で企画をやることが多かった。打ち合わせで決めたことを、具体的にCMプランにするための時間が会社では作れなかった。やむなく家で、となるわけだが、それほど嫌ではなかった。今は、仕事とプライベートははっきり分ける。終業時間を過ぎて何もなければ、さっさと帰る。

夜一〇時までは食事をとらないことに決めた。晩ご飯にアルコールは欠かせない。酒を飲んだあと何かができるほど意志は強くない。だったら、と食事の時間を遅くした。家にはバナナを常備しているので、腹つなぎにする。食事までに二時間の確保を目標にしている。

ルーフ・バルコニーには照明がないので、夜は部屋の中でできることに限られる。といっても、できないことといえば釉薬の調合など、埃《ほこり》の立つ作業くらいのもの。土練りは、外の土練り台だが、これは手が覚えているから暗くても大丈夫。冬はちょっとつらいが、ロクロも外にあったころを思えば、寒風に曝《さら》されるのはわずかな時間である。暖かい部屋でロクロが挽けるという、それだけでうれしい。ぐい呑みなどの酒器は、朝よりも夜のほうが出来がいい。「ああ、これが終わったら酒が飲める」。そう思いながら作ると、美味そうなぐい呑みになるから不思議である。ロクロのように、体に覚えさせるしかない技は習慣にすることが大切で、一日一回はロクロの前にすわりたいと思う。意気ごみとしてはそうだが、やはりそれは無理で、週に三、四回くらいのペースである。

夜の時間は土いじりだけでなく、読書にあてることも多い。陶芸の歴史を少し知ろうと思ったのだが、関心は桃山時代に向かったり、中国に広がったり。とくに、中世から近世に脱皮を遂げた桃山時代の精神的風土と、それを培った室町末期の茶や能、さらにそれらに影響を与えた中国、宋の時代のことなどに興味をそそられている。

一日にあれもこれもではなく、ひとつに絞ること。そして、こまぎれではない連続した二時間をつくること。それが、効率のいい時間の使い方の僕なりの結論である。朝と夜、計四時間を自分のために使うというのを目標にしているが、仕事で不測の事態が起きることも多い。したがって朝の作業をメインにして、夜は時間ができればラッキー、というくらいに考えたほうが精神的にいい。

食べてすぐ寝るのはよくないらしいから、床に就くのは一二時半ごろ。夜は外食することが多いが、朝しっかり食べるのでさほどの量はとらない。博多は魚が美味いのがいい。鳥も肉も美味いのだが、魚ばかり食べている。朝、胃に残らないのはそのせいかもしれない。

同僚との夜のつき合いはほとんどやめてしまった。自分の時間がほしいこともあるが、気が重いのだ。転勤してきたばかりのころ、飲んでカラオケに行って、深夜というより早朝に近い時間にマンションに帰って来た。誰もいない部屋のカギを開けて、あかりを点けたときの静まりかえった様子がたまらなく嫌だった。いっしょに騒いでいた同僚が、人のいる部屋に帰っていったのかと思うとドッとストレスが来た。オレハ、ココデ、ナニヲヤッテイルノダロウ。

それからは、社内のつき合いは最低限にとどめた。いや、後輩が「たまには面倒見てくださいよ。つめてえなあ」とぼやくところをみると、最低限にも届いていないらしい。しばらくは断るのに苦労した。仕事が終わって、ふっと訪れる空白の時間。そこで目が合うとまずい。嫌いなほうではないから、そのあたりの阿吽《あうん》の呼吸はよく分かる。その一瞬前に「じゃ、お先にっ」とやらなくてはいけない。「どう？」と声がかかってからでは遅すぎる。「じつは、今日は……」とやられる味気なさは、呑み助だったからよく分かる。たび重なると、嫌っているのではないかと思われる。

いちばんしんどいのはこの段階だった。断る回数が多くなると、そのうち誰も誘ってくれなくなる。誘わないよね、そんなやつ。たまに時間ができたとき寂しい思いをすることもあるが、これでいいのだと割り切った。

総勢一〇〇人ほどの支社で、制作部と営業部とは、フロアーが分かれている。プライベートでつき合わないから、いつまでたっても名前と顔が一致しない人がいる。先輩のアートディレクターが呼ぶので行くと、「さあ、この人は誰でしょう」などとやられる。いっしょに転勤してきた先輩など、あっという間に全員の名前を覚えてしまった。これはもう、心がけの違いばかりでなく、才能の問題ではないかと思う。

転勤して間もなくのころ、『ショーシャンクの空に』という映画を見た。無実の罪で刑務所に送られた男の話だった。ハリウッドらしい脚色が施されていたが、刑務所の中での生き方に共感を覚えた。そして、おそらく作者の意図しなかったであろう啓示を受けた。

「たっぷりあるプライベートの時間をひとつのことに絞れば、数年間で相当のことができるはず」

ひとり暮らしはボーッとする時間がある。あまりものごとを深く考えたりしない僕でも、少しは考える。

同じころ、ある本の中で、「林住期《りんじゅうき》」という言葉に出会った。インドのある地方の男は、中年になると家族を捨てひとりで森に入るのだそうだ。ある期間を森の中で暮らし、森からふたたび命をもらってもどってくる。僕は福岡の地を、ふたたび命をもらう森なのだと考えるようになった。かつて、一八歳の青年は東京へ行かなければ人生始まらないと思いこんで東へ旅立った。四〇を過ぎて、出発地点よりも西にいる自分を発見して、これまでいったいなにをやってきたのだろうという思いにも襲われた。生活環境が変わって感受性が強くなっているから(弱気ともいえるが)、言葉がビンビンこちらの胸に響いてくる。

「手の感覚の下に、目の感覚を置け」というジャン＝ジャック・ルソーの言葉にも出会った。

「人生の本舞台は、常に将来に在《あ》り」という、尾崎行雄の言葉を知ったのもそのころだ。「勤めを転ぶ」と書いて「転勤」と読む、などと洒落《しやれ》て、シニカルに構えていた自分が情けなくなった。転勤は、数年という限られた時間を意識的に過ごすことのできる貴重な機会だ。出会うこと、出会う人、それぞれが限られた時間の中にあることを意識すれば、いままで見えなかったことが見えてくるはず。東京にもどるとき、どんな自分になっていたいのか。終わるときから、今を考えてみよう。それは、定年を迎えるときにも通じるような気がする。それまで使ってきた自分のデスクを片づけながら、「ああ、面白かった」と言えるだろうか。

イメージできないことは実現できない。自分のこれまでを振り返ればよく分かる。イメージできれば、半分は実現したようなものだ。精神的に苦しんだ時期を過ぎると、いつのまにか物事をポジティブに考えるようになっていた。ポジティブに考えようなどと、わざわざ思わなくても習慣になった。これは、これからの僕の大きな支えになってくれるだろう。

家ではテレビをまったく見なくなってしまった。別に主義主張があってのことではない。転勤して二カ月間、テレビのない生活を経験した。送別会もできなかったからと、友人たちがビデオと一体型の「テレ・ビデオ」を贈ってくれたのだが、もうそのときにはテレビをみるという習慣がなくなっていた。以前のように、適当にみるということができない。凝視してしまうから、目がものすごく疲れる。おのずと、テレビのスイッチに手が伸びなくなった。CMを企画する仕事をしている身としてはマズイかなという気もするが、ひとの作ったものを参考にしても底が浅くなるだけだと割り切った。それに職場では、まとめてCMを見る機会も多い。

テレビはみなくなったが、ラジオは常時つけている。ラジオは目線を取られないのがいい。何かに集中するとき、耳なら自然に音を遮断してくれる。陶芸をやるにも、読書するのにも好都合だ。マンションに有線が入っていて、最初のうちはいろいろチャンネルを変えてみたが、いつのまにかNHK第一に落ち着いた。地震速報など、東京の家族に関する情報をのがさないようNHKにしたのだが、NHKがこんなに面白いとは思わなかった。

定年まで勤め上げたベテラン・アナウンサーがパーソナリティーを務める「ラジオ深夜便」の、人間の呼吸に合わせたゆったりとした喋りがいい。早朝にはラジオ体操もできる。朝の番組のインタビューもいい。スタッフやアナウンサーが、個人的に会いたいと思う人をゲストに招いているようだ。その世界では名の通った人なのだろうが、いわゆる「有名人」でないのがいい。それも、とりとめのない話を毎日一時間、月曜から金曜まで五時間にもわたって聞けるというのは、ほかではちょっとない。

広告の仕事をやっていると、とりとめがありすぎて、世の中そうやって回っていると思いこんでいたが、むしろ、とりとめのないところにこそ文化があるのではないかと思ったりする。おしまいまで聞きたいのだが、後ろ髪を引かれながらの出勤となる。

5 趣味をこえて

野焼《のや》きの山から

誘われて、野焼きを初体験した。

日曜日、ふらりと訪ねた福岡県立美術館で、作陶《さくとう》を行っているグループがあった。帰りに再びのぞいたときには、すでに後片づけの真っ最中。Uターンして帰ろうとしたら、五〇がらみの、先生然とした男性に呼び止められた。

「何かご用があって来られたんじゃないんですか」

とても叮嚀《ていねい》な応対だった。毎週開かれている陶芸教室かと思ったのだが、たまたまこの日だけ会場を借りているとのこと。

「きょう作った作品を入れて野焼きをしますから、よかったら案内を差し上げますよ」

勧められるままに、住所を書いて帰った。

野焼きというものを、以前から一度見てみたいとは思っていた。野焼きは、文字どおり野天《のてん》で土器を焼造《しょうぞう》する方法である。成形した粘土を乾燥させたあと、ワラや木をかぶせて火をつける。縄文土器や弥生土器と同じ焼き方だ。最近の研究によると、人類は一万二〇〇〇年前にこの方法でやきものを手に入れた。しかも、その栄光ある陶芸の父は（土器作りは女性の仕事だったといわれるから、母が正しいかもしれない）、日本の縄文人だったことが明らかになっている。

さて、二週間ほどして野焼き開催の案内状が届いた。電話で確かめると、自分の作品も持って来ていいとのこと。ロクロで作ろうかと思ったが、縄文人に敬意を表して機械の手は借りないことにする。慣れない「手びねり」で高さ三〇センチあまりの壺を作った。乾きが悪いと、焼成の途中で破裂する。野焼きまでに残された時間はぎりぎり。ふだんなら割れの原因になるから厳禁なのだが、やむなく陽に当てて乾燥を早めた。底割《そこわ》れすることもなく、どうにか間に合った。

野焼き当日。梱包用のビニール・クッションで作品をぐるぐる巻きにして家を出た。教えられたとおりに、バスを下りてタクシーを拾った。

「えーっ、ほんとに北山《ほくざん》ダムまで行くんですか」

運転手さんの驚く声に、こちらが驚いた。

「三〇〇〇円でお釣りがくると聞いたんですけど……」

「いや、そんなもんじゃないですよ。途中まではお客さんを乗せて行ったことがあるけど、あそこで四〇〇〇円はいきましたから、八〇〇〇円くらいは……」

何ということ。タクシー・ドライバーでさえ未踏《みとう》の地ではないか。

「バ、バスは、そこに行くバスはありませんか」

「山の下までなら、二時間に一本くらいはあるかもしれんですけど、そこで降りてもタクシーは来てくれませんよ」

案内状を引っぱり出して確かめると、「日没と同時に点火」と書いてある。点火されてからではもう遅い。ここまで抱えてきた、この作品はどうなる。火をくぐる歓びも知らず、土くれのまま朽ちてゆかねばならぬのか。明日からの食生活の悪化を思うと身はすくむが、行くしかあるまい。

「日没までには着かねばならぬ。日没までには……」

僕は「走れメロス」となって叫んだ。

「運転手さん、行ってくださいっ」

タクシーは市街地を抜け、山道に入り、いくつものトンネルを抜けて走りに走った。けっきょく、料金は六〇二〇円也。八〇〇〇円の出費を覚悟していたので、メーターがそこで止まってくれたときにはホッとした。そのうえ、慈悲深い運転手さんが二〇円をおまけしてくれたのには、さながら罪を許されたメロスのような心境であった。

ダムの湖畔の広場には、すでに杉の丸太が碁盤の目に組んであった。大勢の人が集まっている。美術館で声をかけてくれた人が陣頭指揮をとっていた。

「すぐ、作品を入れて下さい」

壺を新聞紙で包み、さらにワラでくるむ。それを、組んである丸太のあいだにつめる。これが野焼きの「窯入れ」である。

「もう、入れてない人はいませんね。じゃあ、ワラをかぶせましょう」

ワラ束をばんばんかぶせていく。その上に細めの丸太を並べる。隙間に板を差しこむ。さらにワラをのせて、最後に杉の枯れ枝で全体を覆う。こう書くとかんたんなようだが、何しろ用意してある量がものすごい。二トン・トラック六台分。さいごは、もうのせるというより投げ上げると言ったほうが正しい。みんな、頭から木屑だらけになって、直径一〇メートル、高さ五メートルほどの小山ができ上がった。

あとは日没を待つばかり。少し歩いてみる。山は、秋まっ盛りである。黄櫨《はぜ》が見事な紅葉を見せ、実生《みしょう》のものと思われる渋柿の葉は朱に染まっている。色づいた実を重そうにぶらさげたカラスウリ。つやつやとした小さな紫を身にまとった紫式部。ダムの湖畔を渡る風が杉の木立を抜けて、ススキの穂先を揺らしている。そういえば、「休む」という字は、にんべんに木と書く。「人は木のそばで休みます」そんなＣＭコピー案が、ふと浮かんだ。

陽が落ちると山は色を失い、冷気が降りてきた。火入れ式が始まる。小高い丘の上に、ひとつふたつと炎が増えてゆく。子供たちの持つたいまつに火が点けられたのだ。

　これは忘れられない光景になる、と思うことがある。それからの一時間は、目の前の出来事が記憶のヒダに畳みこまれていくのを実感した。

　炎の列はゆらゆらと不思議な動きをしながら、地上への階段を降りてきた。炎は一カ所に集まり、それを大人たちがもらう。僕もたいまつに火をもらった。一列になって進み、積み上げられた木々の小山を取り囲む。

　合図とともに、いっせいに点火。乾いた杉の枝は一気に燃え上がりパチパチとはじけて炎を噴き上げる。熱い。たまらず後ずさりする。炎が天に向かってうねり、煽られた火の粉が金色の尾を引いて水生《すいせい》昆虫のように泳ぎまわる。次つぎに生まれ、一瞬の踊りを見せては消えてゆく火の子たち。炎には、魂を揺さぶる力がある。

　木は燃えるとき、その木が一生に見たすべての色を発する、と外国の詩人は言った。積み上げられた杉の木は、夕焼けの色、紅葉の色、そしてときおり五月の青空や、萌えいづる若葉の色を噴き上げながら燃えていった。

　大人が、身につけた知恵を持ち寄って本気で遊ぶというのはいい。勤めを持つ人、自営の人、画家、陶芸家、建築家、料理人、スナックのママさん、家庭の奥さん、子供たち、そして初参加の僕を含めて、総勢八〇人あまり。

うちの町でも野焼きをやってほしい、と声がかかることも多いそうだが、「町民参加の、町をあげてのイベントに……」などという話になるから、すべて断っているらしい。

「遊びで勝手に焚き火やってるだけなんだから」

と古くからのメンバーは苦笑いする。

「中に土器が入ってるから野焼きだけど、入ってなきゃ、ただの焚き火ですね」

こちらも調子にのって軽口をいう。

「そう、大きな焚き火をやるというと、消防署とかにヘンなやつらだと思われるから、『野焼きをやります』って言うの。『縄文土器の再現です』。そうすると、文化的な団体みたいで、いろいろ聞かれないで済むんだよね」

まんざら冗談でもなさそうだが、別のメンバーは次のような話をしてくれた。

ご子息を亡くされた、ひとりの女性を励まそうと自然発生的に生まれて発展してきた会なのだと。十数年前の旧ソ連軍による「大韓航空機撃墜事件」。亡くなったその人についての記事を読んだ覚えがあった。アメリカの名門の音楽学院を卒業したばかりの前途有為な音楽家。式を挙げて間もない新婦を伴っての帰国だった。東西冷戦の悪魔が、息絶えるまえに最後の一撃を加えたような出来事。歴史的に見れば、ソ連の崩壊は目の前に迫っていた。

「炎には、人を慰め励ます力があるのかもしれない……」

青竹で燗をした「カッポ酒」をあおりながら、ぼんやりとそんなことを考えていた。動機が純な会には、気持ちのいい人たちが集まるものですね。

宿にひきあげると、広間の布団に倒れこむようにして眠った。その女性が一睡もせず、夜が明けるまで炎の前にすわり続けていたことを、あとになって知った。

翌朝、野焼きの現場にもどると、灰が三〇センチほどの高さに均《なら》してあった。燃え残った丸太が、ところどころでまだくすぶっている。灰を小枝でつついてみると、中はまだ赤い。待つしかない。

午後二時、窯出しが始まる。陶芸家二人がスコップで灰を掘ってゆく。歩いた跡に煙があがる。靴底のゴムが焼ける臭いが鼻をつく。まるで芋が掘り出されるように、野焼きされた作品が次つぎに現れる。皿、壺、うさぎの置物、地蔵、オブジェ、箸置き——。無傷で出るもの、原形をとどめないもの。あちこちで歓声と落胆の声があがる。大半の灰がひっくり返されても、まだ僕の壺が出てこない。もしやと思い、すでに掘り出されて並べられた破片を裏返してみる。印につけた「寧」の字があった。僕の大壺は一五センチ角ほどの二枚の破片を残して、あとは粉ごな。

「野焼きは歩留りが悪くて、なかなかとれないんですよ」

陶芸家が声をかける。「とれない」は、「穫れない」か。農作物のように、「自然が与えてくれるもの」という語感のある、陶芸家独特の言葉づかいがいい。それにしても、青森・亀ケ岡《かめがおか》遺跡から出土した、高さ三〇センチを超える土偶《どぐう》や、信濃川沿岸一帯の遺跡から出る火焔《かえん》型土器など、どうすればあれほど見事に焼き上げられるのだろう。縄文人の驚嘆すべき火の技術に思いを馳せた。

土に返るのをまぬがれた二枚の破片には、火色《ひいろ》がきれいに出ている。持ち帰って、何か季節のものをのせる皿にしよう。

帰りは参加者の一人が、車に同乗させてくれることになった。親切な人であったことはたしかだが、明日からの生活をかけた僕の形相に気押された感がなくもない。来年も参加することを約して、野焼きの山をあとにした。

唐津《からつ》焼《やき》「弟子入り」志願

週末の過ごし方は、東京と福岡、半々くらいである。東京に帰らない土日の、どちらか一日は唐津焼の「櫨《はぜ》ノ谷窯」、吉野靖義《やすよし》さんのところで教わっている。場所は佐賀県伊万里《いまり》市南波多《はた》町。福岡から唐津まで電車で一時間半。そこから伊万里行きのバスで四〇分。さらに山道を歩いて三〇分で吉野さんの工房に到着する。乗り換えを入れると、家から片道三時間半の行程だ。

吉野さんのことは、転勤してしばらくしたころ新聞で知った。本物の唐津焼の良さを知ってもらうため体験講座を始める、という記事が地方版に載ったのを切り抜いておいた。講座開始は秋からで、直前になって電話をいれた。

「ま、いちど会って、顔を見てからどうするか決めましょう」というような話が佐賀弁であって、秋晴れの日に訪ねた。バス停で降りて、道順を尋ねるために電話すると、軽トラックでわざわざ迎えに来てくださった。

吉野さんは五〇代半ばに見えた。にこやかに迎えてくれたが、白髪まじりの蓬髪《ほうはつ》で、鼻、口、それぞれの造作がたくましく、えーい言ってしまおう、演出家の和田勉氏に似ていると思った。声もしわがれた大声で、要するに、怒ったら怖そうなタイプである。佐賀県人はつき合いにくいという風評も耳に入り、最初の電話でのやりとりのこともあって、緊張していた。

山を背にした工房は、思いがけず賑やかな笑い声に包まれていた。秋の窯祭りの真っ最中で、庭の縁台には大量のおにぎり、さまざまな煮物、香の物などが自作の唐津焼に盛られ供されていた。すこし離れたところでは大鍋が火にかけられ、おでんがグツグツと煮えている。火に立てかけられた青竹ではカッポ酒の燗ができている。吉野さんの器のファンの人たちが家族連れで訪れ、話に花が咲いている。

「お昼、まだなんでしょう？」

勧められるままにいただいているうち、ほろ酔い加減ですっかり気持ちよくなった。

しばらくして、工房に案内された。広々とした土間には、真新しい電動ロクロ四台がならんでいる。体験講座の研修生用だと説明された。すこし離れたところに、使いこまれた電動ロクロと蹴《け》ロクロがあった。

工房に隣合わせた登り窯も見せてくれた。長い屋根に覆われた登り窯は、太鼓腹のような焼成室が連なり、どこか太った芋虫を連想させた。内部の壁が鈍く光っている。焼成のたびに舞い上がる灰が付着して溶け、それが歳月とともに厚い層に成長したものだ。

いわば、天然の灰釉《かいゆう》が掛かった壁だ。

工房に付属する展示室には、唐津焼特有の小粋な曲線をもつ皿や向付《むこうづけ》などの食器、茶碗や水差しなどの茶陶、壺などが並んでいた。大物の壺や水差しに漂う剛毅さ、ぶっとさは、初対面の吉野さんの印象そのままである。それにくらべて、食器はあえて個性を抑えているように見えた。プロだな、と思った。

庭にもどり、窯祭りの雰囲気をしばらく楽しんでから腰をあげた。クルマで送ってあげると言われたが、お祭りのホスト役にこれ以上甘えるわけにはいかない。それに、せっかくの秋の山道を歩いてみたかった。

「いちど会って、顔を見てから……」と言われて来たのだが、はたして「合格」だったのだろうかと不安になる。でも、工房を案内しながら、「こんど来たときには、時間があるから」とたしかに言ってくれた。来てもいいということには違いない。

下の村にあるバス停めざして少し歩くと、湧き水があった。傍《かたわ》らの岩の上に、汲みだし茶碗が伏せて置いてある。工房で見かけたものと同じだった。せっかくの美味しい水だから、これでどうぞということだろう。あんな怖そうな顔で、こういう気遣いをする人なんだ。カッポ酒の酔いざましに、清冽な水で喉をうるおした。山の頂から紅葉が始まっていた。

火色の出やすい唐津粘土を使った作品

吉野さんは本来のやり方で唐津焼を作る人だ。若いとき、河原で見つけた古窯《こよう》の陶片に心を動かされて以来、本物の唐津の美を追い求めている。山から土を掘り出し、庭で木を燃やして釉薬用の灰を作る。本焼きはもちろん、素焼きも登り窯でやる。素焼きを温度調節の難しい登り窯でやる人は少ない。ガスや灯油や電気窯の人がほとんどだ。素焼きを登り窯でやる効果を尋ねたとき、たとえばこんな蘊蓄《うんちく》を期待していた。

「素焼きの肌にしみこんだ灰の成分が微妙に作用して、本焼きしたときの上がりに影響を与える……」

ところが吉野さんの答えはこうだった。

「昔の人は、こうやって唐津を焼いていたんだから、ほかのもので焼いたんではニセモノになるじゃろ？」

この明解さ。衒《てら》うところのない自然体なのである。

体験講座は毎週末に開かれる。ロクロの技法を主に、折にふれて釉薬の調合の基本的な考え方、灰を漉《こ》す方法、削り道具の作り方などを教えてくれる。研修生は二〇人ほどで始まったが、続いているのは一〇人前後。当初から吉野さんは「多すぎるなあ、もう少し減ってくれないとじゅうぶんなことが教えられない」と言っていたから、心積もりどおりの人数なのかもしれない。近在の人が多く、福岡から通っているのは二人だけ。歩いてくるのは僕ひとりである。

月謝はほとんどタダみたいな額で、どうしてこんなに熱心に教えてもらえるのか不思議なくらいである。本物の唐津焼の良さを知ってもらいたいという理由のほかに、年頃のお嬢さんの婿探しという意味もあったのではないかと勘ぐってみる。しかし、そうであるなら完全な失敗。通っているのはオジサン、オバサンばかりなのだ。はじめのころ一〇代の青年も来ていた。将来、陶芸家にしようと考えたおじいさんが連れて来たのだが、おじいさんのほうが夢中になってしまったのを見て嫌気がさしたらしく、来なくなってしまった。三カ月くらいで一期生は終了する予定だったようだが、「来るもの拒まず、去るもの追わず」で（あ、初期のいいかげんな「来るもの」が拒まれるところを、いちどだけ目撃したことがあったか）、二年以上経った今も通わせていただいている。

僕の東京での先生である浜渡さんは、アメリカ仕込みの島田さんに習った人であり、現代の技術を陶芸の美に生かすことに何のためらいもない。一方、吉野さんは伝統にのっとった「本物」であることを追求している。めざすところがまったく異なる二人の陶芸家に出会うことができたのは本当に幸運だった。しかも、九州という、僕の「再生の森」で日本文化の根っこに触れられるというのは願ってもないことだ。出会いたい人とは、まさに必要とするときに出会えるものだと思う。

郷に入れば郷に従え。風土と歴史に培われた伝統技法の片鱗でも盗むことができればと、僕はまったくの初心者にもどって粘土に向かう。

まず、荒練りで注意された。前に押しつけて、両脇からはみ出してくる粘土を折り畳んでゆくという、ごく一般的なやり方をしていたのだが、「妙な練り方やってるなあ」と言われた。

唐津流の荒練りはこうだ。まず、五キロほどの粘土を用意する。両手の親指の先をくっつけて、指圧するように粘土に押しつける。指で粘土を切るようなつもりで、ギューっと力強くやるといい。四、五カ所押したあと、ふたつのブロックに切り離す。一方の粘土を持ち上げて、残したほうに力いっぱいぶつける。以上のことを三〇回もくり返すと均質に練れている。思いっきり叩きつけるというのが、なんとも豪快でいい。筋肉もつきそうなので、家でやるときも唐津流の「ストレス解消・叩きつけ荒練り技法」に変えた。

ロクロを挽くときには、水を入れた手桶を前に置く。水の量が少ないと注意される。

「たっぷり入れなさい、たっぷり」

おおらかな気持ちでロクロに向かえということだろう。手桶に対して「切り糸」は右、器の縁をととのえる「皮」は左。手桶のふちに対称にのせる。やってみると、たしかに動きにムダがない。

伝統の中で確立した技法は、知恵の集積である。仕事だからラクしてたくさん作ったほうがいい。ひとりの陶工が発見したいい方法を、皆が真似する。そうやってもっとも理に適《かな》った、ムダのないやり方が確立していったのだろう。陶工の知恵が積み重なって今につながっている。そして、その技を遡《さかのぼ》れば朝鮮半島へ、さらに中国へとつながる。ひとつひとつ教わりながら、吉野さんの後ろに膨大な数の陶工の姿を感じて不思議な思いにとらわれる。

吉野さんのロクロ挽きは、見ていて気持ちがいい。一連の動作からは音楽が聞こえてくるようだ。ロクロが回りはじめるところから、切り糸で器を切り離して板にのせるまで、ひとつの動きがつぎの動作への伏線となって、つながり流れてゆく。動きを大きくすれば、そのまま舞踏になってしまいそうである。所作が止まったときには、器がひとつ生まれている。

吉野さんは、「土と対話しながら作る」とよく言う。

「人間の都合はそうかもしれんが、オレ（土）にはオレの都合がある」

「こっちの言うことも、少しは聞いてくれんか」

「じゃあ、聞いてやってもいいか」

土をなだめ、すかしながら作るのだそうだ。

「だから、手順がだいじなんだよ。いじくりまわしてると、土だってくたびれてしまう」

話を聞いていると、土が生きているように思えてくるから不思議だ。

「深いところで眠っているのを起こして、いじって、最後は火に入れるんだから、さぞ迷惑なことだろうと思う。人間の一方的な都合で（焼き上がりの良くないものを）割るときにも、礼を尽くさねばならん」

一年半のあいだ、湯飲みの作り方だけを教わった。「湯飲みがちゃんとできるようになれば、なにやっても思いどおりだよ」というのが吉野さんの口癖だ。ロクロの基本である湯飲みが下手なことは自分でもよく分かっていたから、少しも苦にならなかった。陶芸教室でも湯飲みから始めたのだが、すぐに飽きて皿や茶碗に移ってしまった。「基本をきちんとやっておかないと、ロクロが上手くならないよ」と言われたのに、絵の描きやすい平らなものばかり作っていた。もういちど基本をやり直すチャンスと考え、湯飲み作りに精を出す。

ロクロでは、肘の位置を注意された。僕は肘を膝にくっつけてやっていた。自分であみだした方法で、手が安定してロクロ形成が楽だった。

「それでは、手が自由に動かんでしょう」と言われた。手の動きが制約されるから、思ったとおりのカーブが出せないということだ。僕は、肘を固定しないとブレてしまうと思いこんでいた。

「そんなことが、あるもんか」と笑われた。気をつけていても長年の習慣で、知らず知らずのうちに肘と膝がくっついてくる。目ざとく見つけられて声がとぶ。

「ほかのところでやるのは勝手だが、私の前でそれはやるな」

こういうときの吉野さんは、四〇男がビビるほどの迫力がある。湯飲みばかり作って一年ほどすると、「格好だけは陶芸家のようになってきたなあ」と、褒めているんだか何だか分からないことを言われるようになった。上体が伸びて姿勢が良くなるから、腰にも負担が少ない。陶芸を続けるかぎり、腰痛はついてまわるものと覚悟していたのだが、ずいぶん楽になった。ちなみに吉野さんは腰痛知らずである。

あるとき、気になる話を聞いた。ワラ灰釉《ばいゆう》を掛けた吉野さんの器はとてもきれいだ。高温でも溶けにくいワラの灰が白く発色するのだが、ただの白ではない。その奥にたくさんの色が隠れている豊饒《ほうじょう》な白だ。

「しかし……」と吉野さんはいう。「昔のものにくらべると、どうしても濁りが出る」

僕の目には分からない、微妙な違いらしい。原因は農薬しか考えられないそうだ。

「来年から、無農薬の稲を作ろうと思うんだよ」

昔どおりのワラ灰釉の色を出すためだ。燃やして灰になっても残る農薬が、の「濁り」になって現れる。陶芸も、やはりその先には農薬という「環境」の

った。

吉野さんは池田満寿夫《ますお》さんと親交があって、話題になることが多かった。

「池田さんの陶芸って、どうなんですか？」と聞いたことがある。歴の長くない池田さんの陶芸を、プロは当然否定すると思った。

「あの人のは本物だよ」

吉野さんは、即座に断言した。

「土のことを分かっている人だ」とも言った。

どんなものを作っているのか冷やかし半分で展覧会を覗いてみたとき、最初の作品の前で「おや？」と思ったそうだ。

「自分が三〇年もやってきてやっと摑んだ土のことを、この人はあっという間に摑んでしまったのではないか」

イヤな予感がしたという。

「しかし、まさかそんなことが……」

会場を見てまわると、作品のどれもが土を生かしきっていた。この人は土のことを分かっている。信じたくはなかったが、そうとしか説明がつかなかった。最初の出会いのときのことを、そう話してくれた。

その後、吉野さんの工房を池田さんが訪れることになり、吉野さんは一計を案じた。

自信作を工房の目立たない場所に置き（吉野さんの言葉では、「そのへんに転がしておいた」）、池田さんを案内した。ぐるっと見回していた池田さんの目が、その一点に釘づけになった。やはり、この人は土のことを本当に分かっている。認めざるを得なかったという。

「私には池田さんの版画の良さも、小説の良さも分からん。でもね、陶芸に関してはあの人を認める」

吉野さんはそう言い切った。受講生のひとりが「池田さんの版画はいいけど、陶芸はちょっとねえ」と、軽い口調で言ったときのことだった。他人を認めるというのは、自分に自信がなければできないことだ。貶《けな》すのはかんたんだ。

一九九六年の秋、長崎県波佐見《はさみ》で池田さんの窯出しがあるから来ないかと誘われた。佐賀、長崎、福岡の各県が地域をあげて開催したやきものの祭典「炎の博覧会」のイベントのひとつで、吉野さんも焼成などに協力していた。

当日は地元のテレビ局も取材に来ていた。窯から出された池田さんの作品が次つぎと広場に並べられていった。粘土の板をくっつけただけのオブジェ。作り方はかんたんそうだが、土の肌の美しさと、陶芸の常識に対する破壊力の強さに圧倒された。「発想の自由さ。陶芸はもっと自由に考えていいのだ」。作品に接したときの感想を、僕はそうノートに記している。

同じ窯で焼かれた地元の人たちの作品も並べられた。池田さんは大人たちのものには見向きもせず、小学生の作品の前で相好《そうごう》をくずしてしゃがみこんだ。

「面白いなあ。あ、これもいいなあ……」

歩きまわる姿はサービス精神とパワーに溢れ、とても還暦の人とは思えなかった。

「バケモノですね、あのエネルギーは」

僕は吉野さんに囁《ささや》いた。池田さんの悲報に接したのは、それから六カ月後のことだった。


通い始めて一年半が過ぎたころ、登り窯の窯焚きを手伝わせてもらう機会があった。登り窯というのは、複数の焼成室が連なって登っていくように築かれた窯だ。文禄《ぶんろく》・慶《けい》長《ちょう》の役で朝鮮から唐津に伝わり全国に広まったそうである。昼前に吉野さんの工房に着くと、窯焚きの真っ最中だった。前日の夕方から焚き続けているとのこと。「胴木《どうぎ》の間（燃焼室）」と「一の間」は、すでに焚き終わっていた。「二の間」の酸化焼成はかんたんだからと、薪を投げ入れさせてくれた。

窯の天井から出る炎が見えなくなるたびに、七、八本の薪を投げ入れる。窯の横の三〇センチ四方ほどの焚き口から、スナップを効かせて放りこむのだが、なかなか難しい。

窯の奥、真ん中、手前と均一に並ぶように投げろと言われるのだが、奥は意外と深く届かない。奥に薪が少ないとムラ焼けしてしまう。

しばらくやっていると、「コツン」と奥の壁に当たる音が聞こえるようになった。投げ入れたあと手の返しが遅れると、耐火用の手袋から白煙があがる。さいごの薪を投げ入れるころには、指先がたまらなく熱くなる。窯の中を覗くと、明るいオレンジの炎の舌先が作品の肌を舐めている。釉薬が溶け始めているのだろう、きらきらと輝いている。熱気が顔に当たり、長くは見ていられない。

登り窯は余熱を利用するため熱効率がいい。最初の「一の間」の焼成には時間がかかるが、「二の間」からは余熱で九〇〇度以上になっているため、焚き上がりにさほどの時間はかからない。四時間ほどで目的の温度に達した。テスト・ピースが取り出され、釉薬の溶けぐあいが確認される。焚き口がレンガで塞がれ、隙間にドベが塗られる。

最後の「三の間」は特殊な焼き方をするから、と手出しは許されなかった。ひとり薪を投げ入れる吉野さんの、火と格闘する姿を眺めていた。火は人間を深いところで興奮させる。火に対する感動は恐怖と表裏をなすものではないだろうか。火を怖がっていた動物のころの遺伝子が、体の奥深いところで信号を発しているようだ。木々の見た美しい記憶に包まれて、土は陶器に生まれ変わる。

吉野さんの工房は、僕の知らなかったドキドキするような刺激に満ちている。そして、工房に向かう山道がまた楽しい。

春がきざし、裸の木々のなかにキブシの黄色い花房を見つけたときのうれしさ。蕨《わらび》はまだかと、昨年たくさん採れた場所をのぞいてみる。まだ気配も感じとることはできないが、土の下の柔らかな芽はさぞかしムズムズしていることだろう。春浅い山には「只今準備中」の札がかかっている。開店の日が待ち遠しい。

冬が終わると小川の音が変わることに気がついた。あれはどういうわけなのだろう。粘りのある低い音だったのが、サラッとした切れのいい音に変わる。水量の関係か、あるいは水の性質が変わるのか。水は零度をさかいに固体から液体に変わると教わったが、液体になったあとも温度の上昇につれて粘りが少なくなっていくのではないか。荒唐無稽と言われそうだが、小川の軽快な音を聞いているとそんな仮説を信じたくなる。

蕨の季節になると、いつもは三〇分の行程が一時間もかかってしまう。夢中になって採ったあと、その姿かたちの面白さにスケッチブックをひろげることもある。「蕨、それは春の疑問符」。山の中で、そんな言葉を思いついて、ひとり悦に入ったりする。

木苺に出会える梅雨の始まりのころもいい。切り通しの斜面に生えた紅葉苺の枝を、トゲに注意しながらたぐりよせる。完熟した、つややかな朱色の果実は、手をふれただけでぱらりと落ちてしまう。注意深く片手を近づけ手のひらで受ける。口に含むと、甘酸っぱいという言葉で表現するにはもったいないような爽やかさが鼻孔の奥に広がる。

紅葉が終わりさびしくなるころには、蔓《つる》性の深山《みやま》冬苺がハート型の葉の下で赤く熟す。

この山道で、文字どおり「道草を食う」楽しさを覚えた。

月に二回ほどしか通えないから、その間に山の景色は大きく変わる。いま目にしているものと今度会えるのは一年後。それも帰任の辞令が出なければの話だ。季節の変化に敏感になっている自分に気がつく。

「遅いじゃないか。途中で、また山にでも入っていたんだろう」

工房に顔を出すと、今日もまた吉野さんに笑われそうだ。

食事のたのしみ

陶芸をやるようになって、食いしん坊になった。美味しいものはもちろん好きだが、美味しく食べるための手間を厭《いと》わなくなった。ひとり暮らしといえど、買ってきたパックのままでテーブルに出すことはない。器を作るのが好きな者が、それをやったらおしまいである。使う器は自分のものばかりではない。窯祭りなどの機会に譲ってもらう、吉野さんの器もしだいに増えてきた。

気に入った器は買って使うべし。それが僕の方針だ。買ってふだん使いにすれば、知らず知らずのうちに、使いやすい大きさ、重さなどが手で覚えられる。カーブの美しさなども、常に目に触れることができる。今はまだ作れなくても、「目のレベル」だけは確実に上がるはず。それになにより、器に盛ったとき、食べ物が見違えるほど美味しそうになる。妻が出張で福岡に立ち寄ったとき、朝ご飯を作って供した。

「贅沢な生活してるわねえ」

ため息まじりの妻の言葉に驚いた。干物、冷や奴、さつま揚げ、ちりめんじゃこ、かぼす、それにみそ汁とご飯。最初の三つはスーパーで買ったもので、いつもの朝ご飯と変わらない。「贅沢」と言われるほどのものではない。それを、吉野さんの唐津と僕の器に入れてテーブルに並べただけである。ワラ灰釉の掛かった斑唐津《まだらからつ》の皿、白と黒のコントラストが鮮やかな朝鮮唐津の沓皿《くつざら》、絵唐津《えがらつ》の片口《かたくち》と小皿、それに僕の粉引《こびき》鉢。あらためて眺めてみると、なるほど「贅沢な生活」であった。

夜は、外に出ることも多いが、家で食事するときは、刺し身と煮物というのが多い。刺し身はデパートの食品売り場で、いいものをちょこっ、ちょこっと仕入れる。中皿に一緒盛りにすると、目にも美味しい。夜の食事に酒は欠かせない。大ぶりの自作のぐい呑みでやるのがいい。僕の好きなのは、ぐい呑みというより杯《はい》に近い、口の広がったもの。縁《ふち》は薄手にかぎる。僕の杯でやる酒のうまさには、ちょっと自信がある。

東京時代、東京駅前の丸ビルにあった森永のパーラーによく通った。コーヒーがとても美味しかった。その美味しさの源《みなもと》が、コーヒーそのものよりも、むしろカップにあることに気がついた。カップの縁に唇が触れたときの心地よさ。軽く傾けると、コーヒーのほうから口のなかに流れこんでくるような滑らかさ。僕はカップの口の厚みに興味をそそられた。薄い縁から、どんな角度で厚みがついているのか知りたかった。いっそ買い取って割ってみようかとも考えたが、それは思いとどまった。指で縁を挟んでみて、その角度をノートに書き移した。不思議なことに、唇にしっくりくる絶妙な厚みは、親指と人指し指を自然に重ねたとき(つまり、何かをつまむとき)、指先にできる角度だった。

転勤後、唐津の十三代中里太郎右衛門《たろうえもん》さんの展示館を訪ねたとき、酒の美味《うま》そうな杯を見つけた。思わず指で縁の角度を確かめた(いけない、触ってはいけなかったんだっけな)。結果は、ぴたり親指と人指し指のつくる角度だった。くちびるがおいしいと感じる厚みを、唐津焼の大御所は先刻ご承知であった。

外食するにも楽しみが増えた。とくに和食の店では、器に目がいくようになった。出てくる器の作り方が分かるのは楽しいことだ。唐津皿の小粋なカーブのつけ方、縁に厚みをもたせる「玉縁《たまぶち》」の作り方。きちんと縁を折り返して厚みを出す、手間のかかる本来のやり方で仕上げてあるとうれしくなる。

また、掛けられた釉薬の名前も調合も、あるていどまで分かるようになった。はじめて入った店で、織部《おりべ》の緑がきれいだったので、思わず女将さんに声をかけた。

「まだ若い人なんですけど、私も気に入ってるんですよ」

と、まるで自分のことを褒められたように顔がほころんだ。つきだしがもう一品よけいに出てくるような恩恵はなかったが、器の好きな女将さんというのはいいものだ。美味しく食べてもらおうと思えば、器にまで気をつかうことになるのは当然だろう。器のいい店の料理は美味しい。器がだめでも、料理の美味しい店はもちろんある。でも、器のいい店で裏切られることはめったにない。「いい器」というのは「高価な」という意味ではない。そんな店は、高くて僕には入れない。料理への愛情が、そのまま器への愛着になっているような、そんな器である。

　土のことは、まだまだ僕にはよく分からない。でも気になる。いい器に出会うと、釉薬の掛かっていない裏の部分が見たくて、やたらと持ち上げて覗くのがクセになった。あまり上品な客ではない。

　仕事をとおして知った、和食の店の料理長が話してくれたことは示唆に富んでいた。若いころ、料理はウデだと思っていた。うまくなりたくてしかたがなかった。今は、料理は素材だと思う、と。考えが変わったのはいつですか、と問うと、「ウデが上がったときだね」。ウデが上がってはじめて、素材の大切さに気がつく。

「こういうふうに料理してくれと、食材が言うようになる。じつはこっちが言っているんだけどね」

「いい材を前にすると敬虔《けいけん》な気持ちになる。変なものを作ったら申しわけない、失礼だ。美味しいものを作ろう。持ち味を出してやろう、と」

　話を伺いながら、陶芸における「細工《さいく》と土」の関係に似ていると思った。練達《れんたつ》の陶芸家ほど、土が大切だと言う。僕は、もちろんその域に達していない。だから陶芸はウデだと思って、細工に精を出している。料理長が言ったように、ウデが上がったときはじめてウデの限界が見えてくるのだろう。今はただ、いい土を目に焼きつけておこうと、せっせと器を持ち上げている。

あこがれの日本伝統工芸展

無謀ともいえる日本伝統工芸展への挑戦で精根使い果たし、しばらくは窯に火を入れる気にならなかったが、秋風が立つと、また陶芸の虫がムズムズし始めた。

うまくいかなかった釉裏紅《ゆうりこう》の発色テストを再開することにする。東京の陶芸教室の窯とは少し構造が異なるために、還元ガスの流れ方が違うようだ。ガス圧を変えたり、還元に入る温度を九〇〇度から九八〇度のあいだでいろいろと変えてみる。調合も、炭酸銅を酸化銅に代えてみたり、骨灰《こっぱい》（牛の骨を焼いたもので、発色を助ける働きがある）を加えてみたり。

施す厚みによっても大きく変化するから、一回塗り、二回塗り、三回塗りをそれぞれ試す。結果のデータはすぐにノートにつける。仕事が忙しくて、書きこむのが延び延びになったことがある。一週間くらい経って書こうとしたら、どんな調合だったのかすっかり忘れてしまっていた。それに懲りて、何があっても結果はすぐにノートにつけるようにしている。

釉裏紅が、まあまあの発色をしてくれるようになると、他の釉薬も試してみたくなる。

自作の透明釉に酸化銅を加えて、酸化焼成して織部を焼いたり、弁柄《べんがら》（酸化第二鉄）を加えて黒天目《くろてんもく》を焼いたり。世界にひとつしかないオリジナルの調合で、さまざまな釉薬を作って遊んだ。釉薬に、銅や鉄などの酸化金属を加えると、色調が大きく変化する。また調合をいじると、肌の質感ががらりと変わる。両方を組み合わせれば千変万化、まるで錬金術をやっているような面白さだ。出品するものと違ってプレッシャーもなく、ただただ楽しむことができた。

自分で雑木を燃やして作った灰釉《かいゆう》は面白い。白化粧した器に掛けて還元焼成すると、淡いブルーグリーンに発色した。灰に含まれる鉄分による発色だ。木が地面から吸い上げて蓄えたものだ。木の種類により鉄分の含有量が違うため、発色にも濃淡が出ると本に書いてある。そのうち、雑木の灰だけでなく、桜や竹などの灰も試してみたいものだ。

灰の調合を増やすと、流れ下った釉が条痕となって現れた。灰には、石灰分のほかに燐酸、鉄分、マグネシウムなどの天然成分が含まれていて、味わいの深いものが焼き上がる。

さまざまな釉薬を作るのは、思ったほど難しいことではなかった。調合を変えてテストしてゆけば、次つぎに結果が出る。焼き上がってくるテスト・ピースの中から、どれを良しとするかのほうが本当は難しいのだということが分かってきた。選択は、その人の感性だ。

釉薬だけでなく、土の選び方、どこでロクロを止めるか、どんな絵をつけるか、還元のかかり具合はどのていどにするか——。完成した作品というのは、それぞれの段階で無限にある選択肢のなかから選びとってきたことの集大成。良くも悪くも、自分の美意識の分身である。見た人が「この皿いいな」と思ってくれるなら、それをきれいだと思っている僕に共感してくれたということ。だから理屈でほめてくれるより、「これ好きだな」と言われたほうがずっとうれしい。

新しい釉薬作りを楽しんでいるうちに、毎年出品している春の公募展が近づいてきた。転勤で来たこの機会に、九州ブロックの「西部工芸展」へのチャレンジを思いついた。数多くのやきものの産地を擁する九州に、胸を借りてのぶつかり稽古だと意気込んだ。

九州の出品申込み用紙は、東日本のものと少し違っていた。東日本のものは「売可《ばいか》」「売不可《ばいふか》」を選択できるので、これまで迷わず「売不可」のほうに◯をつけてきた。ところが九州の用紙には売価を書くスペースがあるだけ。

売価というのは本当に難しい。陶芸教室の展示即売会でも悩んだが、今回のは大物であり、ほかの人がどのくらいの値をつけて出品してくるのか見当もつかない。僕の作り方は、言ってはなんだが、ものすごく手がかかる。計算してみたら細工だけで一六時間もかけていた。素焼き、本焼きを入れると五〇時間以上かかる。睡眠時間をけずり、休日をつぶして仕上げたものである。カネなんかと引き換えにしてなるものか。売ってたまるかである。プロからは笑われそうな感情であるが、見ず知らずの人の手に渡ってしまう喪失感を自分でどうしようもない。僕は、絶対に買い手の現れそうもない値段を書いた。書いたあとで考え直した。ものを見る目が無くて（自分で言うことではないが）、買ってしまう金持ちがいたらどうしよう。不安になって、もっと高い額に訂正した。

一カ月後、福岡玉屋デパートの展示会場で作品に再会した。こういう華やかな場所で再会すると、いつもながら笑いがこみあげる。

「おっ、お前も出世したもんだなあ」

冷やかしてやるが、大鉢のやつは、僕を無視してツンと澄ましている。

「どちら様でしたっけ？」というような顔をする。ドテッとした土の固まりから作ってもらったことなど、すっかり忘れてしまったような素振りである。クラスメートといっしょにいるところに通りかかった父親に対する、中学生の娘の態度とそっくりだ。

「ぜったい手を振ったりしないでよ」と、大鉢のやつは僕に合図を送ってくる。

さて、気になるのは値段である。名前と作品名の書かれたプレートをひっくり返してみる。本当に五〇万と書かれている。申込み用紙に書いたとおりなのであるが、とんでもない数字を見てしまったようで、あわててプレートを元にもどした。わが大鉢が、巨匠の手による美術品に見えた。

気になってとなりのプレートを調べると、一五万。そのとなりが二〇万。かなりあせりながら、会場のすべての作品を調べてみた。やはり僕のが最高額だった。展覧会で馴染みの大家のものでさえ、四〇万止まり。大鉢のやつが僕の親バカぶりに文句を言いだす前に、そそくさと会場を立ち去った。

もちろんそんな値段で売れるわけもなく、大鉢はぶじ僕のもとに帰ってきた。芸術関係に明るい友人にその話をすると、その値段でこれからも出し続けろと言う。そのうちに「九州でいちばん高い作家」という評価がつくから、とのこと。世の中の仕組みに詳しい彼の助言ではあるが、素直に従うかどうか決めかねている。「いちばん高い作家」という評価の前に、「九州でいちばんアホな男」という評判が立ってしまいそうではないか。

転勤して二度目の新緑の季節が過ぎると、福岡は一足はやく梅雨に入った。

日本伝統工芸展の搬入は七月末。ぼつぼつ準備を始めなくてはいけない。今年は二回目の挑戦である。出品料や輸送料をドブに捨てるのは嫌だ。今の実力が「万が一」なら、百が一、十が一くらいのレベルまでは上げて応募したい。去年と違って、窯のクセも分かってきた。作るものは、この二、三年続けている掻《か》き落とし技法の大鉢。窯を持って丸一年、今までやってきたことの総仕上げのつもりで取り組んでみようと思った。

余談になるが、陶芸を知らない人からよく出るのが「今度はどんなものを出すんですか？」という質問だ。

「去年と同じ、掻き落としです」と答えると、がっかりされたり、進歩のない人間を憐れむような顔をされる。油絵のように、「今度は秋の山を描いてみたんですよ。旅先で見た夕暮れの情景が忘れられなくて……」というような答えを期待されているらしい。僕もできれば「今度は青磁で勝負します」などと言ってみたいものだが、工芸の場合はちょっと違うのだ。

僕の場合でいうと、まあまあ納得のいく紅色が出るようになるまでに三年かかった。「僕のレベルで納得がいく」という意味で、求めるレベルが高ければ一生かかることだってあるだろう。

陶芸の人間国宝というのは、陶芸全般にわたる名人ということだと思っていたが、そうではなかった。陶芸の一部、たとえば「青磁」についてだけの認定なのだ。人間国宝を引き合いに出すのはレベルが違いすぎるが、そうそう毛色の違うものがやれるものではない。

気に入らないところを直そうと、テストをくり返すうちに、一年なんてあっという間に過ぎてしまう。陶芸をやっている人間に「また、同じ技法ですか」と聞くのは、油絵をやっている人に「また油絵ですか」と聞くのと同じである。暴れたくなってしまうのでやめたほうがいい。

応募作品を作るにあたっては、土から見直すことにした。今までは三種類の粘土をブレンドして使ってきた。品のいい、明るいグレーに焼き上がるのが気に入っていたのだが、穏やかすぎる感じがして物足りなくなっていた。白化粧の部分と土肌《つちはだ》の部分とにコントラストをつけたかった。

グレーを濃くすれば、白もあざやかな印象になるはずだ。そう見当をつけて、粘土のブレンド・テストを始める。三つの材料店に頼んで、鉄分の多い粘土を七、八種類送ってもらった。その中から、二、三種類を組み合わせて、ブレンドのテストをする。ロクロでせっせと小皿を作り、透明釉を掛けて焼いてみる。鉄分が多いということは、耐火度が低いということで、皿になるはずが焼き上がってみると、まっ平らな円盤になってしまったりする。白土を混ぜて耐火度をあげてみたり、焼成時間を短くしたり。砂まじりの粘土も試してみたが、粘り気が足りず乾いた時点ですべて底割れをおこした。

そんな試行錯誤をくり返すうち、これはというブレンドに出会った。グレーが濃いめで、ところどころに鉄分が飽和してできるゴマ（黒いシミ）が出た。ゴマの数は多すぎず、ちょうどいい。底割れもない。白化粧を掛けたときにどんな感じに上がるか。出品用と同じやりかたでテストしてみる。搔き落として文様を彫りだしたものを本焼きする。白がくっきりとして、全体が引き締まって見えた。大丈夫そうだ。土はこれでいくことにする。

土を決めるのに三週間かかった。こんなに日数がかかるとは予想外だった。すでに七月に入っている。輸送搬入の場合、締め切りの三、四日前には運送会社に渡さなくてはいけない。あと三週間しかない。それに、釉裏紅がうまく発色してくれるかどうかの最終テストもやっておかなくては――。

締め切りまでにいくつ完成品を作ることができるだろう。その中からいちばん気に入ったものを出品しよう。ロクロでの成形、白化粧を使った加飾《かしよく》（装飾効果のための模様入れなど）、さらに焼成テストも同時進行でやっていくしかない。

「七月は東京に帰れない」と家族に通告した。ところが、こういうときにかぎって東京への出張が入る。作りかけの作品に後ろ髪を引かれながらの出張となる。ロクロ挽きしたままの柔らかい状態で留守にするときには、乾燥をストップさせなくてはいけない。

乾燥が進んでしまったら、どうすることもできない。

必要は発明の母である。バスルームを「乾燥止めルーム」として使うことを思いついた。ドアの下部にある通気用のスリットをガムテープで塞ぎ、窓は外側から板を立てかけて遮光した。バスタブに板を渡して、その上に乾燥途中の作品をのせる。乾きの早い縁にはラップを巻いた。シャワーヘッドをバスタブの中に入れ、思いきり熱いシャワーを出す。モウモウと蒸気があがり、バスルームに充満したのを見計らってシャワーを止めてドアを閉める。脱衣室のドアも閉めた。

一泊二日の出張から帰って、恐る恐る確認したが、ほとんど乾燥は止まったまま。むしろ、乾き具合が均一になって扱いやすくなっていた。

白化粧の作業が終わると、乾燥にまわす。素焼きする前の大切な工程だ。和室に設置した四段のスチール棚に移す。乾燥は一〇日間と決めている。触ってみて、ひんやりしなくなれば素焼きしても大丈夫なのだが、一〇日待つのは儀式のようなものだ。乾燥が足りないと窯のなかで破裂する。

一度しか経験していないが、あれが起きると茫然自失する。肩こり腰痛と闘ってきた、それまでの二〇時間が一瞬にして吹っ飛ぶのである。三〇〇度を超えたあたりでド
鈍い音が響いて、蒸気を逃がすために少し開けた蓋の隙間から土埃が立ちのぼる。

りの破壊力で、硬い棚板が割れて、下に入れた器まで直撃をうけて粉ごなになった。後片づけも大変だった。乾燥にまわして七日目のものだった。

夏なら七日乾かせばじゅうぶんなのだろうが、あの冬の夜の悪夢のような出来事は二度と経験したくない。細工を終えたあとの「乾燥一〇日」を僕はひたすら守っている。

素焼きが終われば、いよいよ本焼き。窯に入れたあと、去年はすぐにスイッチを入れたのだが、今年は違う。窯の神様に祈りを捧げるのだ。

親や友人が見たら、人格が変わったと驚くだろうが、僕の部屋には「神棚」だってあるのだ。

今年も応募しようと思ったとき、吉野さんの登り窯の情景が脳裏に浮かんだ。窯場《かまば》の柱には御札《おふだ》が貼られていた。焚口《たきぐち》の上には、塩、小魚、米などが供《そな》えられていた。プロってカッコイイなと思った。カタチから入ろうとするのは、いつものクセである。僕も火の神様の御札が欲しくなった。窯を焚くときの火に対する敬虔な気持ちを、電気の窯とはいえ僕も体験してみたかった。

会社の近くの神社で尋ねてみたが、「ありません」との返事。炊事にガスを使うようになってから、火の神様も店じまいしてしまったのだろうか。すこし遠かったが、博多駅近くの住吉神社まで足をのばしてみた。

「陶芸をやっている者ですが、火の神様の御札があればいただきたいんですが……」

社務所の人は微笑んで小さくうなずいた。

「ございますよ」

あまり需要はないのだろう、奥にいったん下がってから持ち出してきてくれた。御札には「竈《かまど》三神御守護」と書かれていた。それにしても、いまどき、かまどの御札を必要とするのは、陶芸をやる人間のほかに誰がいるのだろう。料理屋さんの厨房などに貼ってあるとも思えないのだが。「御札」というものをいただくのは厄除けに成田山に御参りしたとき以来三年ぶり。持ち帰って、厚手の白木の板に貼りつけた。さて、どこに祀《まつ》るか。しばらく悩んだ末に、カーテンレールを囲っている木枠に目をつけた。長さ一・五メートル、幅一〇センチほど張り出している。ここに白木の板を立てかけた。御札が窯を見下ろしている。見守ってくれているように見えた。

さて、本焼きに入る前の僕なりの儀式はこうだ。マンションから歩いて三分のところにある稲荷神社から榊《さかき》の枝をもらってくる。決して無断ではない。事情を話したら、いつでも、いくらでもどうぞという許可をいただいた。もらってきた榊の小枝を徳利に挿し、御札の脇に置く。続いて米、塩、小魚、御神酒《おみき》、それぞれを自作のぐい呑みに入れてお供えする。

「米は郷里の岡山から両親が送ってくれたものです。その昔には朝廷御用達《ごようたし》の、由緒正しい土地の米です。塩は沖縄の天然塩。小魚はいつも僕がご飯にかけているちりめんじゃこですが、柳橋連合市場で仕入れた上物《じょうもの》です。酒は大吟醸が手に入りましたので差し上げます。何とぞよろしくお願いいたします」

信心だか、饗応だか分からないような言葉になるが、気持ちは真剣である。ロクロ挽き、細工と自分の手でやってきて、いよいよ最終段階。本焼きはいちばん大切な工程なのに、窯の中の様子を見ることもできないし手も出せない。「よろしくお願いします」というのは素直な気持ちである。一礼して、二度柏手《かしわで》を打ち、さらに一礼。そうして、おもむろに窯のスイッチを入れる。

焼成を始めるのは夜九時ごろ。翌朝六時には窯の温度は九五〇度に上がっている。釉薬が溶けはじめる温度だ。バーナーでプロパンガスの炎を吹きこみ還元を始める。窯の中に還元ガスを充満させるために、高めのガス圧で始める。温度が上がるにつれて、少しずつガス圧を下げていくのだが、これからの三時間がいちばん緊張する。バーナーから音を立てて出る炎は、やはり怖い。そのゴーッという音を聞きながら、朝食の準備を始める。

温度計がないから分からないが、部屋の温度は五〇度を超えているのではないだろうか。窯の熱さは去年から何も改善していない。短パン一丁、顔の汗がアゴを伝ってハダカの胸にポタポタ落ちる。焼成をくり返すたびに、みるみる食欲が落ちてきた。カラダのシンに熱が溜まる。梅雨が明ける前に、すでに夏バテである。

ソーメンを作る。朝、窯を焚きながら食べられるもので、ほかに何があるというのだ。ゆでるのにガスを点けると、炎熱地獄はさらにひどくなるのだが、氷をぶちこみ、キュウリを散らしたでき上がりのイメージだけを描きながら作る。

塩分不足というのを、はじめて経験した。とにかく猛烈にだるく、背骨が抜けたような感じでフラフラする。しだいに味の濃いものをカラダが欲しがるようになった。ソーメンつゆも、本来三倍に薄めるものを二倍で使う。食べおわって飲んでみると、これがやたらとうまかった。

ソーメンが終わると、シャワーを浴びる。途中で何度かガスのようすを確認する。消えることはないはずだが、もしやと不安になる。

九時には設定温度の一二三〇度に達する。ガスを止めて、排気口に栓をする。窯のスイッチは切らない。ここで切ってしまうと温度が早く下がりすぎる。ゆっくり下げないと紅がうまく発色しない。釉にも貫入《かんにゅう》（表面に現れる細かいヒビ）が出すぎる。こういうときマイコンのついた窯は本当に助かる。九〇〇度まで下げるのに五時間、さらに七〇〇度まで五時間をかけて徐々に冷ましてゆく。

九時一〇分、シャワーで流した汗がすぐに噴き出してくる。バスタオルでぬぐって、さあ出勤だ。

帰宅しても、まだ窯の温度が高すぎて開けられない。風が吹きこんで燃えやすいものがとぶのがこわいから、窓は日中閉めっぱなし。部屋にはムッとする熱気がこもっている。テーブル、椅子、室内にあるものすべてが熱を持っている。触ると手からジワッと汗が滲み出るのが分かる。リビングの窓を全開にして、とりあえず寝室に避難する。クーラーは寝室にしかないのである。

もともと夏は好きで、去年は途中までクーラーなしで過ごした。窯に火を入れた日には、寝室も熱気に襲われて、汗でドロドロになりながら寝たものだ。涼しさが欲しい一心で電気屋さんに走ったのだが、もうちょっとよく見てから買えばよかった。四カ月後、暖房に切りかえようとしたら、どこにも「暖」の表示がなかった。エアコンではなく、クーラーだった。買ったときには、暑さから逃れることだけで頭がいっぱいだったのである。

冷房のシェルターから出て、窯のようすを見る。温度が三〇〇度を切るまで待って、三センチほど蓋を開ける。懐中電灯で中を照らしてみる。シルエットしか見えないが、今回は形がきれいだ。粘土の耐火度が低いので、全体の形が成形時よりもかなり平らになっている。深鉢が浅鉢になる。それも計算済みだ。

蓋は一時間おきくらいに少しずつ開けてゆく。最初のうちワクワクしているが、しだいに期待はしぼんでゆき、作品の全貌が見えてくるころには「こんなものかな」とあきらめもつく。これまではそうだった。ところが今回は、ずっとワクワク、ドキドキが続いていた。よく見えるようになるにつれて、きれいだと思える。同時に、割れや釉はがれなどの大きな欠陥が現れないことを祈りたくなる。

窯の温度が一五〇度を切るのは夜一一時すぎ。いよいよ、全開にして取り出す。裏を確認する。割れはない。「やった」と、思わず声が出た。

どのくらいのレベルが入選なのかは、その経験がないから分からない。ただ、思いどおりに近いものはできた。これ以上は今の僕には望めない。陶芸を始めて五年で入選するほど、日本伝統工芸展は甘くないだろう。落ちてもいいや、と思った。本気で入選をめざしたおかげで、ここまでこれたんだから。

僕は焼き上がったばかりの大鉢を神棚に向け、「ありがとうございました」と言って頭を下げた。

梅雨が明けて、輸送搬入の日がきた。締め切りまでに五回窯を焚き、大鉢三個、大壺二個を焼いた。大物は一回の焼成で一個しか焼けない。蓋を開けるときドキドキが続いたのは一度だけだった。あのときの大鉢を出品することにする。日通の美術輸送の人が取りにきた。僕は梱包途中の大きなダンボール箱の蓋をもう一度開けて、「がんばってくれよな」と声をかけた。

「お預かりします」の声とともに、大鉢はわが「工房」を出て行った。

「今年の夏は終わったな」とつぶやいて、ひとりで笑ってしまった。まるで敗れた甲子園球児である。

七月は、まだ数日を残していた。夏はこれからだ。だが、炎熱地獄から解放された僕には、夏は終わったというのが実感だった。


八月末の土曜日。東京への出張がらみで自宅にいた。ベッドで朝刊を広げていた。今日の発表だから、明日の朝刊には入選者の名が載るはずだ。千葉県版のページを開いた。明日このページに名前が載るといいけど、無理に決まってるよなあ。載っていなくてもガッカリしないようにしようと、自分に言い聞かせた。そのとき、視野のはしにチカッと信号を送ってくる文字があった。ドキッとした。「寧」という字――。

「おい、まさか」

ゆっくりと首をまわして見た記憶がある。「第四十三回日本伝統工芸展入選者」の見出しに続き、陶芸部門・県内入選者九名のなかに僕の名前があった。発表の翌日に載るものと思いこんでいたが、朝日新聞は主催団体のひとつで、発表というのは新聞発表のことだったのだ。

「やった、やったあー」

人間はうれしいとき、本当にピョンピョン跳び上がるものだということを、僕は四三の歳になってはじめて知った。僕の奇声で起こされた妻と娘は呆れ返っていた。娘は「はいはい、おめでとう」と布団の中から手を振って、またもぐりこんでしまった。

展覧会の初日、青山での仕事の打ち合わせが終わるのももどかしく、地下鉄で日本橋の三越本店に向かった。三越内のレストランで懇親会が始まる時間だが、まずは七階の展覧会場に直行する。

広い会場をぐるっと見てまわる。展示されている作品は、どれも素晴らしく立派に見えた。この会場のなかに自分のがあるというのが信じられなかった。僕の「銅彩《どうさい》・石楠《しゃくな》花《げ》文《もん》大鉢《おおはち》」は、すぐに見つかった。中央テーブルに近いテーブルに置かれていた。径五〇センチの大鉢も、広い会場で見るとずいぶん小さく見えた。でも、印象は窯から出たときと変わらなかった。きれいだと思った。

厚いカラーの図録を買って、懇親会の開かれている四階のレストラン、「ランドマーク」に行く。新作展のときと同じ会場だ。集まっている人の年齢層は、そのときよりも上に見えた。六〇代が主流だろう。僕の知っているだけでも、数人の人間国宝の顔があった。四〇代なんてバリバリのひよっこである。陶芸、染織《せんしょく》、漆芸《しつげい》、金工、木竹工、人形、その他工芸の入選者の中から選ばれた一三人の受賞者があらためて紹介されていた。遥かな峰々を見上げるような気持ちで、離れたところから眺めていた。

懇親会がお開きになり、閉店後の売り場をエレベーターに向かっていると、声をかけられた。

「有志で集まるけど来ませんか？」

二十数人が近くの居酒屋に流れた。世話役の小野寺玄《げん》さんと神谷《かみや》紀雄《のりお》さんは少し年代が上だが、あとの人たちは三、四〇代。

小野寺さんとは初対面だったが、種類の違う土を混ぜ合わせて、独創的で叙情ゆたかなグラデーションの世界を展開しているベテランだ。穏やかな話しぶりに人柄の良さが溢れている。

神谷さんとは、新作展のパーティなどで何度か顔を合わせていた。僕が釉裏紅の美しさにのめりこんだのは、神谷さんの作品を見てからだ。

初入選組四人が挨拶した。図録を開いて自分の作品が載っているカラーページを指しながらの自己紹介。僕も立ち上がって挨拶した。

「八〇ページの左下に載っている、林です。サラリーマンをやってます。よろしくおね

第43回日本伝統工芸展に入選した「銅彩・石楠花文大鉢」

がいします」

四〇過ぎて「新人」がやれる、というのはうれしいことだ。青春時代にもどったような、ときめくものがある。

神谷さんのとなりにすわり、話を伺うことができた。僕が新作展に初入選したころから見ていてくれたことが分かった。

「面白いの作る人がいるなあ、と思ってたんだよ」

はじめは単なるリップ・サービスかと思ったが、以前のものについても感想を話してくれた。本当に見ていてくれたのだ。

「いいものだけを見るようにするといいよ。僕も集中して見てまわった時期があるけど、そうするとダメなものが分かるようになるから」

やがて、酒がまわり、宴も賑やかになった。神谷さんは駆け出しのころの話をしてくれた。神奈川から千葉に引っ越すことになり、それまで作品の評を仰いでいた高名な陶芸家のところに挨拶に行った。そのとき、こんな言葉をかけられたという。

「そうか、千葉に行くか。神奈川県は、才能のある人間をひとり失うのか……」

そのときの口調そのままなのだろう、喋りながら懐かしそうな表情になった。

「あの言葉があったから、自信をなくしたりしながらも、なんとかこの歳までやってこれたんですよ」

神谷さんは若手の陶芸家たちから兄貴のように慕われている。その理由の一端をかいま見たような気がした。

「来年は、センター・テーブルをめざしましょう」

もういちど乾杯して、会はお開きとなった。

来年も、この会に出たいと思った。

僕の未来予想図

最後に、これからのことなどを少し書いてみたい。近い将来のことをいえば、ふたたび転勤で東京にもどることになるだろう。「博多は三度泣く」という言葉があるそうだ。来るとき、帰るとき、そして思い出して。東京からの転勤者にとって博多は遠く、いったん来てみると暮らしやすく人情は厚い。たしかに、三度泣いてしまいそうである。だが僕の場合、下手をすると三度では済まないかもしれない。

東京の家は3LDKのマンション。空いたスペースなどどこにもない。現在の「工房」のリビングと和室にひしめく陶芸関係の諸々を納めるための苦労で、もういちど余分に泣くことになりかねない。窯はどうする？　釉薬材料を入れた四つのトランク・ボックスと大型ロッカーは？　素焼きしたものをのせておく大型のスチール棚は？　乾燥のためのスペースにしても、娘の二段ベッドの下というわけにはいかない。相手は、もはや子供ではない。当時小学生だった娘は、そのとき青春まっただ中の高校生なのだ。ベランダを行き来するために、娘の部屋を通してもらうのだって苦情が出そうである。

一戸建てに移って、庭に小屋でも作れば何とかなりそうだが、首都圏で庭にゆとりのある一戸建てなどとても望めない。かといって、遠距離通勤では、仕事との両立が難しくなる。資金的な当てはないが、マンションの近くに土地を借り、小さな工場《こうば》のようなものが作れないものかと思っている。窯とロクロのない生活はもはや考えられない。むしろ、欲しいものが、どんどんエスカレートしてゆくばかりである。

今の「工房」だって、すでに手狭になっている。それに、やはりマンションは陶芸向きには作られていない（当たり前だ）。フローリングの床ではなく、思うぞんぶん汚せる地面が欲しい。吉野さんのところのようにドベをびゅんびゅん飛ばしてロクロを回したい。窯に火が入ったとき、カチカチ山のタヌキにならずにロクロが挽けるスペースが欲しい。雨の日の土練りは、屋根のあるところでやりたい。体が濡れるのは我慢できても、濡れた台は練りにくい。テストのための釉薬の調合は、風が吹くと重さに誤差が出てしまうルーフ・バルコニーではなく、部屋のなかでキッチリ計りたい。釉薬の粒子をかんたんに細かくできる、電動のポット・ミルが欲しい。電動土練機《どれんき》が欲しい――。自称「工房」が持てたときの、あの喜びも忘れて、本物の工房が欲しくなっている。人間というものはつくづく欲の深い生き物である（人間というもの、ではなくて、「お前が」なんだよ）。

窯も、いまの電気窯のほかに、中型のガス窯が欲しい。炎で焼く醍醐味が味わえそうで、火に感動して陶芸を始めた僕としては、やはり火で焼きたい。それと、電気窯の場合、熱源には電熱線を使う。酸化焼成といっても燃やすわけではないから、正しくいえば中性焼成だ。本当の酸化焼成というのを試してみたい。「中型」が欲しいのは、今よりもう少し大きいものが焼きたいから。今の窯は、容積が五五×五五×五〇センチ。ロクロ挽きした時点で径五八センチの鉢なら、乾燥で収縮してギリギリ入る。やっとのことで挽きあげて、うまくいったと思っても、測ってみると六〇センチ、などということがある。縁を切って小さくするしかないのだが、最初のきれいな形は二度ともどってこない。そんなときのフラストレーションの溜まり方は相当なものだ。

登り窯はどうか。体の震えるような、火への憧憬《しょうけい》を満たしてくれるが、都会ではどうしようもない。また、僕のやりたい陶芸とはめざすところが違うようにも思う。ときどきは、はるばる吉野さんの窯を訪ねて、薪《まき》を投げ入れる手伝いなどさせてもらいながら話ができたら、僕は大満足である。

東京での、本物の「工房取得計画」の実現には、資金的なものをはじめ、数々の難関が待ち受けているはずである。職住接近だからこそ確保できている時間のこと、今は妻におしつけている家庭や家事のこと——。計画が実現できない理由は山ほど考えられる。しかし、何かをしようとするとき、「できない理由」はいくらでもつくものだ。「できる理由」は、ただひとつ、「それでも、やりたいから」。こうしたいというイメージをはっきり描くことさえできれば、方法論はあとからついてくるはずだ。

こういう考え方は、仕事を通じて先輩たちから教わってきたものだ。仕事で組む人たちは、みんな本気だ。役割は違うが、ひとつの目標に向かってあらゆる可能性を検証し、協力しあう。真剣勝負だけに、教えられることばかりだ。会社という仕組みは、自分の潜在能力を何百倍、何千倍にパワーアップしてくれるダイナミックな機能を持っている。組織の力、チームワークの力を借りて、個人ではできないことができる。さらに、広告の仕事は、人びとの意識の変化と直接に関係する楽しさがある。あっという間に生活者の意識が変わったことに驚いていると、変わった一人が自分だったことに気がついたりする。けっきょく、自分の感じていることを信じるしかないのだと悟ったり。

仕事と陶芸。時間の捻出には苦労しても、両方やるから楽しいのだと思う。経済と社会の「今」と、日本人の美意識の変遷を背景にした「伝統」。瞬時に消えてゆくテレビ映像と、一〇〇〇年を経てもほとんど劣化しない陶器。何百万人に向かって発信する広告と、ひとりのものになってしまう陶器。正反対に見える両者であるが、共通するのは「自分らしさ」が、どうしようもなく出てしまうということ。たとえ意識しなくても、結果として出ている。商品のことを語っているCMなのに、外から見えない真ん中の空洞には自分のいた跡がある。壺も真ん中は空洞であるが、そこには自分がいると思う。それが楽しい。

ふたつのことを、曲がりなりにもまっとうしたいと思うとき、やはり父に似ているのかなと思う。僕よりもう少し若かったようだが、やはり中年にさしかかるころ、本業をやりながら漆を始めている。のちに人間国宝の認定を受けた故・磯井《いそい》如真《じょしん》先生のもとに通っていた。教師だった父は、夏休みを利用して、かなりの遠路を自転車と汽車を乗り継いで熱心に通っていたらしい。先生が四国に居を移すまでの一〇年間、夏だけではあるが一対一の指導を受けていたそうだ。僕がはっきり覚えているのは、家で漆をやるようになってから。二階の作業部屋に夜遅くまでこもっていることが多かった。母も僕も漆にかぶれる体質で、父が漆を刷り始めると、その部屋には絶対に近づかなかった。父にとっては好都合だったのではないだろうか。父は、定年を心待ちにしていたのではないかと思う。定年を前に、それまで名前のなかった自分の技法に、家から仰ぐ山の名をとって「高馬《たかま》彫《ほ》り」と命名した。「やるぞ」という言葉をなんども聞いた。ところが、いざ定年というとき、教育長を拝命した。「どうしたもんかな……」と父が洩らすのを聞いた。一期だけのつもりが二期になり、その後も地域の世話役などをするうちに七〇歳をこえた。たまに会う機会に「今からでも、やればいいのに」とけしかけるのだが、始める気配はない。体力が落ちているから漆に負けてかぶれるのでは、という危惧があるらしい。以前愛用していた彫刻刀は油紙にくるんで、箱にしまわれたままである。現役のとき、「教育は愛だ」と実践し、定年後には「教育は天職だった」と言い切る人である。仕事以外のやりたかったことをやり残すのも、あるいは幸せなことではないかと、父を見ていると思う。

夏休みに岡山の実家に帰ったとき、裏の小屋に孟宗竹を割った材がたくさんあるのを見つけた。何に使うつもりだったのか分からないが、おそらく祖父の時代のものだろう。いらないと言うので、畑にトタン板を敷いて燃やした。竹はワラと同じく珪酸《けいさん》質の、高温でも溶けにくい灰がとれる。持ち帰って釉薬として試してみたかった。炎天下で、汗をだらだら流しながら焚き火をしていると、隣家の渡辺さんのおじさんが声をかけてきた。

「何を、やりょうられるんです?」

隣の息子はアタマがヘンになった、と思ったのではなかろうか。わけを話すと、おじさんの顔がほころんだ。

「ああ、陶芸ですか。お父さんは漆でしたなあ。やすひこさんは陶芸ですか……」

妙に納得したようすなのがおかしかった。

「芸が身を助けるほどの不幸せ」と、父はよく言った。

「いい趣味ですねえ、『芸は身を助ける』といいますからねえ」と人から言われたとき、照れたような顔で返していた。「芸」は、人生の潤いのためにあるという考えの人だ。僕の陶芸も、やはりそうでありたいと思っている。

「仕事を辞めて、陶芸家になろうとは思わないの？」。ときどき、そう聞かれることがある。僕の未熟な技術を買いかぶった人からなのだが、本当に上達したとしても、陶芸を仕事にしたいとは思わない。仕事にするということは、「商品」を作るということだ。販路のことをはじめとする、さまざまな葛藤をまるごと引き受けるということだ。売れるかどうかを考えながらでは、楽しめなくなってしまいそうだ。評判が良くても、同じものを作るのは嫌だ。作りたいものを作りたい。だいいち、いっしょうけんめい作ったものを売るのは嫌だと思う性格のままプロになって、どうやって食べていくのだ。

「壺中の天地」という言葉に出会った。昔、中国に評判のいい薬売りがいた。昼間は薬を商い、夕方になって店じまいすると、軒先にかけた壺の中に入っていく。望楼《ぼうろう》に登って見張りをしていた役人がその秘密を知り、いっしょに入れてもらうことになった。薬売りに連れられて入ってみると、壺の中は広大な別天地で、ともに美酒佳肴《かこう》を楽しんで出てきた、という話。

ビジネスの世界は刺激的だが、壺の中の別天地を知らないのはつまらない。壺にこもって外の世界を知らないのはもったいない。壺の中と外を自由に行き来する「薬売り」になりたいと思う。まだ、僕の壺はもぐりこむと足が出てしまうような狭さであるが、時間をかけて少しずつ中を広げて、やがては別天地ができ上がることを夢見ている。仕事と陶芸、両方あるから楽しいのだと思う。会社の外にしか生き甲斐を求めないのは、会社の中にしか生き甲斐を求めないのと、同じことではないだろうか。ずっと先のことは分からないが、「もうひとつの世界」は「もうひとつの世界」のままにしておきたいと考えている。

陶芸のほかに、こうして文章を書く楽しさまで、新しく知ってしまった。したいことが拡がりすぎたという気もする。でも、それぞれが、自分の中の新しい部分を発見させてくれる。ワクワクする楽しさがある。それなら面白いと思うことをみんなやってみよう。つまらなくなったらやめればいいのだ。

僕はときどきボーッと変なことを考える癖がある。「大きくなったら、何になろうかなあ」。われに返ってから苦笑する。子供のとき思うのは当然だが、もうじゅうぶんすぎるほど大きくなって、人生の半ばを過ぎたというのに、相変わらず夢想している。ある酒の席で、会社の先輩に口をすべらせてしまった。笑われるかと思ったら、「それって、いいなあ」とさかんに感心してくれた。先輩は何か「ジンセイのイキカタ」のような解釈を勝手にしてくれたようなのだが、僕のは、本当にヘンな癖にすぎないのだ。

そのあとで少し考えた。二〇代はともかく、三〇代になって「大きくなったら、何になろう」と思っているのはヘンだ。四〇代ならもっとヘンだ。でも、五〇になっても、六〇になっても、七〇になっても、「大きくなったら、何になろう」と思い続けることができたら。それはひとつの能力ではないかと、四五歳の僕は思い始めている。

それから

単行本が出てからちょうど一〇年が経ち、四五歳だった僕は五五歳になった。「未来予想図」のとおりなら、三一年目になった会社勤めを続けながら「週末陶芸」にいそしんでいるはずである。

この章では、近況報告を兼ねて、その後の一〇年に起きたことなどをお話することにしよう。なお、その間にあったあれこれについては、すでに二冊の本（『週末陶芸家になろう！』二〇〇一年・双葉社、『陶芸家Hのできるまで』二〇〇七年・バジリコ）に書いた。ここでは、駆け足の報告になるので、スニーカーにでも履きかえて伴走していただきたい。

この本を書いた二年後、二〇〇〇年の春に東京本社に帰任した。会社は三年後の株式上場を控えて、より利益を生むための体質改善のまっただなか。「リストラ」が世の中の流行り言葉になり、社会全体がバブル崩壊後の長い不況の中で、出口が見つからずもがいていた。自分の広告の作り方が、ふたたび東京で通用するのかどうか、大きな不安を抱えての再出発だった。

　マンション工房の陶芸道具たちはどうなったか。その落ち着き先をどうするかが、帰任前の大きな課題だった。不在中もそのままにしてくれた僕の部屋は、それらを入れるには狭すぎた。しかも女子高生になった娘は、鍵のかかる個室を虎視《こし》眈々《たんたん》と狙っている。妻とのあいだに、すでに密約が成立している気配もあった。

　帰任まであと半年を残すだけという時点までくると、なんとかなるだろうとも言っていられなくなった。帰省したついでに近所の不動産屋さんを訪ねて、とにかく安くて、自宅から歩いて通えるマンションという条件で探してもらうことにした。掘り出しものの格安物件でも見つかれば、九州と同じように陶芸ができる。具体的な予算の裏付けがあったわけではなく、なんとかならないかなという、苦しまぎれの部屋さがしだった。

　物件に案内されてみて驚いた。「ここは、何かいわくつきのものじゃないでしょうね」と聞いてしまったくらいに、五年のあいだにマンションの価格が暴落していた。予想していた半分から三分の一の値段。これなら手が届くかもしれない。結婚してから長年積み立ててきた銀行預金を崩して購入資金に充てれば、なんとかなりそうだ。さいわい自宅マンションのローンは、すでに払い終わっている。

近所に良さそうなマンションが見つかった。四五平方メートルの２ＬＤＫで、五階建ての二階の部屋。九州のようなルーフ・バルコニーのある、見晴らしのいい物件を望むのは、最初から無理な相談だった。築三八年というのが気になったが、値段を考えればしかたがない。さてその値段をあからさまにするかどうか、少し迷った。でも、何千万円もするマンションを想像されてはたまらないので、書いておくことにする。六五〇万円のかなり古びたマンションである。それでも、ポンと買えるような金額ではない。購入を決める前に、もういちど考えてみた。賃貸マンションという手はないのか。まとまったお金はかからないが、月々出て行くものがサラリーマンには重過ぎる。不動産は今が底値かもしれない。そうであるなら、手放すときには値上がりしていることも期待できる。趣味のための散財ではなくて、資産運用と考えてもいいのではないか。――書きながら自分でも気がついているのだが、僕の思考回路はワンパターンなのだ。ある決断をするときには結論が先にあって、そのための言い訳めいた論理ができあがる。メリットとデメリットを貸借対照表のように書き出して比較検討するという友人がいるが、僕にはとてもそんなマネはできない。ほんとうに欲しいか、と何度も自分にたしかめてから、購入を決心した。

妻の反応はと言えば、九州の部屋のようすを知っていたから覚悟はしていたようだ。「けっこうなご身分ですねえ」と、もっともなことを言い、そのあと「ま、いいんじゃないの」と続いたのでほっとした。

こうして陶芸関係のいっさいの荷物は、本社への帰任とともに、このマンションに収まった。部屋に三〇アンペアの電気が来ていることは下見のときに確認済みだ。九州の部屋と同じように六〇アンペアに増量してもらうため、電気工事店に電話を入れた。そのあと、三カ月にわたる苦悩の日々が待っていようとは――。

思い出しても胸が苦しくなるので、さらっと書くことにするが、要するに電力不足で電気窯が使えなかったのである。築三八年のマンションには、当初一五アンペアの電気しか来ていなかった。前の住人が倍に増量した結果の三〇アンペアだった。マンションの管理会社と相談して、さまざまな対策を考えた。空き部屋の電気をまわしてもらうというアイデアや、電柱から直接電気を引くなどというプランを出してもらって自治会の理事会に提案したが、ことごとく却下された。電気窯を使うからという事情は伏せておいた。窯のメーカーは「マンションに窯を入れることに何の危険もないことを、理事会で説明しましょうか」とまで言ってくれたが、理事のだれかが「やっぱり危なそう」と言ったらおしまいだ。住民にとっては、わざわざ賛成する理由などひとつもない。条件を変えて申請した二度目の理事会の夜。結果を伝えにきた自治会長が帰ったあと、しばらく暗い玄関にうずくまっていた。ワクワクしながら越してきたのに、ここで楽しく陶しく感じられた。このマンションは僕には合わないのかもしれない。部屋のようすが急によそよそ芸をやっている自分の姿がどうしてもイメージできない。部屋のようすが急によそよそ

「そろそろ地べたで陶芸をおやんなさいということか……」

口をついて出た言葉に、はっとした。電気のことでこれほど苦労するというのは、あるいはなにかの意思が働いているのではないか。そんな気持ちに襲われた。

（マンションに電気窯を入れるさいには、まず自宅に来ている電気の容量を確認。その上で、メーカーと電気工事店に相談してください。僕のような思いをするのはひとりでたくさんです。）

土地を借りることを考えるべきだったと思う。だが、地元に知り合いのいない僕には、貸してくれる人をどうやって見つければいいのか分からなかった。今になって思えば、娘の学校のPTAのお母さんたちにでも声をかければ、おあつらえ向きの土地が見つかったかもしれない。あるいは、窯が使えないのならじっくり構えて、ロクロの上達だけに専念するチャンスと考えても良かったのだ。しかしそんな余裕は、当時の僕にはなかった。陶芸の場所をやっとの思いで手に入れたのに、窯が使えないのは辛かった。やきものは焼いてこそのやきものである。陸《おか》に上がった河童がパニックを起こして、沸騰した風呂に飛び込んでしまうような、そんな心理状態だったに違いない。僕は別の不動産

屋さんに電話を入れた。土地を探すことにしたのである。

首都圏の土地はおいそれと手に入るような値段ではなかった。紹介される物件はどれも宅地用のもので、サラリーマンが一生働いてやっと手にできるようなものばかり。マンションの電気増量にも一縷《いちる》の望みをたくしていたが進展はなかった。物件紹介の連絡も途絶えてしばらくしたころ、思い出したように電話があった。

「土地の上に工場《こうば》のようなものを建てたいんですよね。工場ならあるんですけど見てみますか？」

倒産した石材工場を引き取った自社物件だそうで、

「頑丈な作りで、壊して更地にするのにお金がかかるから、林さんが気に入れば土地代だけでお譲りできますけど……」

近隣の土地の三分の一ほどの坪単価が提示された。すでに建築申請も済んで新築物件として売り出したものを、社長に掛け合って連絡してくれたという。新聞紙のストックをひっくり返して調べると、当の物件がチラシに出ていた。「日当たり良好」というキャッチ・フレーズの意味は、下見に行って納得した。チラシには一言も書かれていなかったが、建物のすぐ南側が電車の線路で、成田に向かう京成ライナーが轟音《ごうおん》とともに通過して行った。なるほどどこの物件でアピールできるのは、「日当たり良好」である。

土地が五〇坪で、建坪は三〇坪。値段は一七〇〇万円也。この近辺は坪一〇〇万くらいが相場だから、そうとうな掘り出し物と考えていいのではないか。これをのがしたら、工房を持つチャンスは二度とめぐって来ないかもしれない。住宅プラン付きのチラシまで配られていることを考えれば、いずれ手放すことになったときでも、買い手のつかない不良物件になる心配はなさそうだ。しかしなあ——。マンション購入でしくじったうえに、こんどは土地である。担当者に一〇日間だけ待ってほしい、その間、他には売らないでくれと念を押した。買いたいと妻に切り出すまでに五日かかり、そのあと一週間口をきいてくれなかった、とだけ報告しておこう。

資金は銀行預金の残りと社内預金、それでも足りないものをマンションが売れるまでのつなぎとして銀行ローンを組んだ。

九州時代に取りそびれていた勤続二〇年の休暇を利用して、内部を工房に改造した。中二階の半分ほどをパネルで囲って「書斎」と呼べるスペースもできた。

ここまで書きながら、無計画でドタバタの展開ぶりに自分でも呆れてしまうのだが、ともかく、いまも「こうば」と呼んでいる工房が手に入ったわけである。井戸からモーターで汲み上げた水を使って、数カ月ぶりにロクロを挽いた。指先に触れる粘土から、生命力が全身に流れ込んでくるような快感があった。

仕事の話もしておこう。帰任先の希望部署については、人事部から人が来て面談があった。古巣の制作局を希望して聞き入れてくれたわけだが、本社のどの部署に戻るかについては迷いがあった。単身赴任中の五年間に広告をとりまく環境は大きく変わった。得意先企業のリストラが進み、広告にたいしても費用対効果の厳しい見直しがなされた。広告会社同士を競わせる「競合プレゼン」は当たり前になって、クライアントとの信頼関係をもとにじっくりと企画を練るというのは「古き良き時代」のものになりつつあった。駆け出しのときに教わり、自分なりの経験を通してアレンジして、確信をもってやってきた足場がもはや崩れてしまったように思われた。僕が教わりだいじにしてきたのは、「自分の感動を表現の中心に据える」というもの。商品を通して、視聴者のこころにメッセージを届けられると信じてきた。新聞記者志望だった僕が、広告会社でこれまでやってこれたのは、配属先の上司がそのやり方で見事な仕事をしていたことが大きかった。「あっというものより、はっとするものを」、「オマエの体重が乗ったコピーを僕は見たい」といつも言われた。会社のクリエイティブの方針も、「心を動かし、人を動かし、荷を動かす」というものだった。いまの若手は、そんなスローガンがあったことすら知らないだろう。「その広告で、いったいどれだけの消費者にモノを買わせることができるのか」という問いが、常に突きつけられるようになった。

「さいきん面白いCM見た？」。娘に聞いても、「ない！」の一言。ギラギラした刃物のような広告戦略が、抜き身のままでTVから流れている印象をぬぐえなかった。オレって、こういう広告を作るために会社に入ったのかなあ——。大きく変化しているビジネス環境を肯定的に受け入れて楽しめなければ、広告を作る資格はない。陶芸を始めてから、特に九州時代のあれこれは、ものの考え方に大きな影響を与えた。一言で言えば、煽《あお》ることよりも、むしろ鎮めることを大切に思うようになった。粘土や、自然や、火と付き合ううちに、そういう心境になったのだと思う。あるいは、四七歳という年齢のせいもあるかもしれない。だが、そういう気持ちに素直に従えば、広告会社に居場所はなくなってしまう。

本社に戻って仕事を始めても、違和感はぬぐえなかった。

「なんか仕事にリアリティがないんだよ。ゲームやってるみたいでさ」

同期の同僚と飲みながら、そんな本音を口にした。

「こんな時代に、中高年のオレたちに仕事があるだけ、ありがたいんじゃないか」

若造のような僕の言葉を、彼はやんわりたしなめた。リストラが合言葉のようになっている世の中で、解雇される不安がないことに感謝すべきかもしれなかった。

九州時代から早起きになって、その習慣は続いていた。仕事で前日遅くなっても、午前五時には目が覚めた。朝食までの二時間を陶芸の時間にあてた。しかし「プレゼン」

の準備中や、撮影の立会いなど徹夜に近い仕事が入ると、早朝には起きられない。ロクロで挽いたものの乾燥具合が白化粧を掛けるのにちょうどいいと分かっていながら、体が動かない。せっかくの工房が手に入ったのに、存分に使えないのが口惜《くや》しかった。それでも工房に顔を出すのだけは一日も欠かさなかった。一五分だけ滞在、ということもあった。気休めにすぎないのだが、いちど途切れてしまうと、ま、今日もいいかとなりそうで、行かずにいられなかった。

自分が作るやきものについて、じつはそのころ悩んでいた。九七年と九八年に日本伝統工芸展に連続入選したあと、しばらく途絶えていた。窯を持って丸一年で入選し、その翌年もとなると自分には才能があるのかも、と有頂天になった。しかし、「今年も」の意気込みが「今年こそ」に変わり、やがては永遠に入選することはないような重苦しい気分に飲み込まれていった。こころを落ちつけて考えてみた。僕はあの展覧会に入選したいために陶芸をやっているのか。仕事が趣味のようになっていた僕を、もうひとつの別世界に連れ出してくれたのが陶芸だった。それがいつのまにか入選を第一に考えるようになっていた。他人との競争とは無縁のはずだった世界に、自分でコンテストという競争を持ち込んでしまっていたのだ。上達を目指しているつもりが、競争の川で溺れていた。

楽しいと思える陶芸をやろう。自分が好きなことを洗い直してみた。当時の陶芸ノートを開くと、「好きなことをやろう！」と書いたあとに、こう続けている。「僕は絵が好きだ。白化粧が好きだ。釉裏紅《ゆうりこう》の赤が好きだ」。書き出してみると、自分のやりたい世界がおぼろげに見えてきた。絵を前面に出した作品はコンテストでは評価されにくいと聞いていた。そうであるなら、評価してもらわなくてもいいじゃないか。したいことをやって審査員が認めるならそれでいいし、認めなくても自分が好きなことには変わりないのだ。気持ちがふっ切れた。

本社に戻って二年半が過ぎた秋のこと。早期優遇退職の募集がデスクのパソコンに届いた。募集人数は一〇〇名程度。来るべきものが来てしまったという思いがあった。退職を考えたことは、これまでにもあった。本社に戻ってしばらくしたときには、五〇歳になったら踏み切ろうと思った。妻の反応は、

「子供が社会人になるまで待ってよ。定年まで勤めろとは言わないから……」

それを待てば五三歳になる。それまでは会社勤めを続けるつもりだった。募集期間は正月を挟んだ二カ月間。ただし定員に達ししだい締め切る、とあった。年末年始にゆっくり考えればいいと、のんびり構えていた。事態が急転したのは、募集が始まる一週間前のことだ。「今回は条件がいいから、初日で満員御礼になるかもしれない」、そんな噂が耳に入ってきた。辞めるにしろ残るにしろ、結論を出す前に定員に達してしまったか

ら会社に残るという、成り行き任せにしたくなかった。応募すれば退職予定日は二〇〇三年の二月。それは偶然にも、僕の五〇歳の誕生月にあたっていた。天命を知るという「知命《ちめい》」の歳である。

ソンかトクかで考えれば、辞めないほうがトクだろう。だが、損得で判断してじっさいにそうなった経験は多くない。九州への転勤も、仕事のキャリア的にはトクなことではなかっただろう。だが、帰任のための引越しの荷物が出て行ったあと、がらんとした部屋を点検しながら、「ありがとうございました」という言葉が口をついて出た。たくさんのトクをもらって帰ることに気がついた。トクにするか、ソンにするかは、けっきょくは自分しだいなのだ。

一年ほど前に、残業のさほど多くない管理部署に異動していた。陶芸の時間を超朝型に切りかえて、午前四時には工房に顔を出す生活を続けてきた。冬場はまだ真っ暗で、夜空にはオリオンが両手を広げて遊弋《ゆうよく》していた。それでも手に入る時間は三時間足らず。朝食のあと、もういちど工房に戻りたいという思いに後ろ髪を引かれながらの出勤だった。

退職を前提に考えてみた。通勤時間を合わせると、残業なしでも一日一〇時間を費やしている。一カ月で二〇〇時間。一年で二四〇〇時間。退職までの一〇年間なら、二万四〇〇〇時間が手に入ることになる。どちらを選んだほうが、六〇歳を笑顔で迎えられるのだろう。

募集の初日を明日に控えた日曜の午後、辞めたいと妻に告げた。

「辞めて後悔しないのね」

それだけ言った。


初めての個展を開いたのは、退職して二カ月余りのときである。これは期せずしてそうなってしまったわけで、貸し画廊を予約したのは半年ほど前のこと。初個展のとき自分が会社員でなくなっているなど、思ってもみなかった。それまで自分の作ったものをお金と交換した経験といえば、陶芸教室で開いた展覧会だけ。食器などの小物は、上手になるための練習用と考えていた。親戚や友人が欲しいと言えばあげるていど。しかし、これではいけないと思うようになった。人に使われてこその陶器である。ふだん使いにしてもらって、いつものご飯がちょっと美味しく感じたり、生活の気分が変わるなら作り甲斐もあろうというもの。使う立場からの率直な意見や感想も聞いてみたくなった。

個展までには半年の準備期間があるから、じっくり取り組むつもりでいた。ところが会場を予約した翌月に退職の募集が告知された。一生を左右する決断を迫られて、個展どころではなくなった。退職願が受理されたときには、個展は三カ月後に迫っていた。思わぬ展開で、初めての個展が「週末陶芸家」としての最後の個展になる。陶器の種類も数も、「アマチュアでもここまでできる」というものにしたかった。送別パーティや、お世話になった人への挨拶まわりで都内に出る日のほかは、工房にこもりっぱなし。作っても作っても、三〇畳ほどの広さの会場を思い浮かべると、作品数が足りない寂しい展示になりそうで恐怖に駆られた。せっせとロクロを挽き、窯を焚き続けた。

会場に展示してから、初めて数を数えると三〇〇個をこえていた。あらためて眺めてみると、個展というより、なんだかバザーの会場のようだ。要するに数が多すぎて、「ありがたみ」がないのである。オープンの時刻を告げる壁の時計を横目に、大急ぎで一〇〇個ほどを控え室に移動した。走り出すと止まらない性格だと、自分でも呆れてしまった。

多くのお客さまが足を運んでくださって、無事に最終日を迎えることができた。会計と包装を交代で担当してくれた妻と友人たち。手伝いに巻き込んでしまった義妹や義弟夫妻。たくさんの人たちのおかげで開けた、手作りの個展だった。売り上げは、会場費を差し引くと六〇万円あまり。三カ月かかりっきりだったから、月収二〇万円ということになる。電気代や粘土代などの出費を引けば、たいしたものは残らない。それでも、自分が作ったやきものが、それぞれの人の生活の中に入って新しい役割を演じはじめたことを思うと、じんわりとうれしさが広がった。

この年、五年ぶりに日本伝統工芸展に入選した。不思議なもので、入選しようがすまいが、とにかく自分のやりたいものを作ろうと吹っ切れたとき、他人からも評価された。これは不思議でもなんでもないのかもしれない。CMプランナーの時代にも似たような経験をした。思いついた企画を面白がっているのは自分だけかもしれないという不安がいつも付きまとった。自分が面白いのだから見る人もそうに違いないと勇気を出して提案したものが、視聴者にも受け入れられた。逆に視聴者に受けそうな企画は空振りすることが多かった。陶芸においても、自分が好きだと思う感覚をどこまで信じられるか、ということなのだろう。

翌年も同じ気持ちで出品作品を作ったが、搬入したあとになって、今までにないストレスに見舞われた。発表は一カ月先だ。その日が近づくにつれて落ち着かなくなった。今回入選すれば四回目になる。日本工芸会の規約で、四回入選すれば正会員に認定される。陶芸を始めたばかりのとき、初めて足を運んだ日本伝統工芸展で、出品作品の美しさに圧倒された。いつかは「正会員」というものになってみたいと夢想したことが思い出された。正会員になったからといって、なにが変わるというわけでもないのだろうが、自分がいいと感じる方向に迷わず進めるような気がした。東京コピーライターズクラブで新人賞をもらって会員になったとき、やはりどこがどう変わったわけでもなかったが、「広告のコピーを書いてます」と言うのに気恥ずかしさがなくなった。

朝刊の地域版に入選者の名前が載る。新聞が届くのを今か今かと待つことに耐えられそうもなく、岡山の実家に逃げ帰った。妻には掲載日を知らせず、親孝行と称して旅立った。会社に出かける前の慌ただしい時間だったはずだが、朝刊に名前を見つけて電話をくれた。

とまあ、以上のようなことが、この一〇年のあいだにあったわけである。知人に言わせれば、「次から次に展開があって、伊丹十三の映画を見てるような面白さだね」となるのだが、演じている主人公にしてみれば、平穏な日々がいちばん！と言い返したくもなる。

会社を辞めてからは、陶芸ばかりやっているように思われるかもしれないが、そういうわけでもない。会社を離れて二年間は陶芸に集中することに決めていたから、工房にこもりっぱなしの生活だったが、そのあとはCMプランナーの仕事も再開した。去年は、ある編集者にそそのかされて、初めて短編小説を書いた。面白い作業で熱中したが、「また趣味がひとつ増えちゃったのね」と、妻はため息をつくのである。

「趣味」にあたる英語には三段階あると教えてくれた人がいる。娯楽や気晴らしのパスタイム（pastime）、ふつうに言われるホビー（hobby）、病膏肓《やまいこうこう》に入る状態のエボケイション（evocation）。辞書で調べてみたら、エボケイションは「神を呼び出す口寄せ、悪魔を呼び出す呪文」と書かれていた。はたして僕が呼び出してしまったのは、神だったのか悪魔だったのか。そしてつい最近、あることに思い至った。エボケイションは、天職を指すコーリング（calling）と対をなす言葉ではないだろうか。コーリングが「神がその人を見込んで指名した仕事」であるなら、エボケイションは人間の側から神だか悪魔だかを呼び出して、乗り移ったように熱中している状態だ。だれに頼まれたわけでもないのに、ただ面白くて夢中になっていた週末陶芸だった。もはや週末だけの陶芸家ではなくなり、収入のことにも無頓着ではいられなくなったが、これからも「エボケイション＝週末」の延長線上でやって行きたいと思っている。

さて、何度も登場させてしまった娘のことにも、少しだけふれておこう。単身赴任したのは、娘が小学六年生になる前の春休み。五年後に戻ったときには高校二年生になろうとしていた。ときおり喧嘩《けんか》もしたが、さほど難しい年頃《としごろ》とも感じなかった。

「けっこう仲良しだよね」

水を向けると、

「うーん、仲良し……ではないかな」

と、返してきた。ま、そのていどの、悪くない関係が、そのあとも続いている（と、父は勝手に思っている）。

中学から始めたブラスバンド部の推薦で高校に進み、さらに大学にも部活動《ぶかつどう》推薦で入った。「音楽をやるのは情操《じょうそう》にいいんじゃない？」と、家族で話していたが、ブラスバンドは完全な体育会系だった。そうと知ったときには、時すでに遅く、筋金《すじがね》入りの体育会系少女ができあがっていた。

「OBの方《かた》がそうおっしゃっているので、はい、自分はそのように……」

娘の部屋から聞こえてくる、先輩とのケータイのやり取りに、「おまえは軍人か！」と、思わず声をあげることになったり。

「お父さんがダメっていっても、ちゃんとお母さんに許可とってるんだからね」と、リーダーを見極《みきわ》める能力までしっかり身につけていた。

「スイスイ推薦ジンセイ！」などと嘯《うそぶ》いていたツケが回り、「就職氷河期」の最後にめぐり合わせたこともあって、人並《ひとな》みの苦労も味わったようだ。この春、社会人三年目を迎える。体重を気にしながらも、父が作ってやったお茶碗でしっかり朝食を摂《と》って元気に通勤している。

この稿を書くにあたって、思いついて津田沼陶芸教室を訪ねてみた。正しくは、かつて教室が入っていたマンションである。先生は五年前にここをたたんで、千葉市にある自宅工房に教室を移した。今はたまにしか会えないが、会えば酒になり、当時の話にも花が咲く。先日の酒も楽しかった。

「あの教室でまともに月謝を徴収《ちょうしゅう》してたら、家がもう一軒《いっけん》建ってたよ」

現在の工房の様子

これから苦楽をともにするだろうガス窯

先生の怪気炎《かいきえん》に、

「そんな先生だったら、オレは陶芸なんかやめてた！」

と水を差す。それは、まんざら冗談ではなく、続かなかっただろうと思う。

マンションの一階に入っていた不動産関係の事務所は、美容室に変わっていた。教室があった二階の部屋を見上げると、ベランダに色とりどりの洗濯物があった。生徒たちの作品が並んでいた出窓には、白いレースのカーテンが下がっている。入り口のほうに回ってみた。教室に通うたびに昇り降りした階段が、昔のままだった。教室へ向かうその階段は、思えばずいぶん遠いところに通じていた。

文庫版あとがき

このところ陶芸を職業にする人たちと話す機会が増えた。そうしたおり、『週末陶芸のすすめ』を読んだという人が少なくないことに驚かされる。まさかプロは読まないだろうと安心して、自分のつたない体験や発見を臆面もなく書き綴ったのだが、とりあえずは好意的に読んでもらえたようで、ほっとしている。

また、趣味で陶芸をしている何人かに「あの本が私の原点です」と、声をかけられたりする。さらに、あろうことか「本に背中を押されて陶芸家になろうと決心して、会社を辞めました」という人まで現れた。彼には結婚式に招待されて、「この道に引っぱり込んだ張本人です」というような、とんでもない紹介で挨拶をさせられた。御両親からの冷ややかな視線にたじろいで、用意していた祝辞を取りやめた。「僕は、週末の陶芸をすすめただけで、退職を勧めた者ではありません。現に、彼が辞めたときには、僕はまだ勤め人だったのです……」と、汗を流しながら弁明につとめることになった。

この本から何を受け取ってもらえたのか、書いた僕には分からない。「陶芸にのめりこんでゆく様子が面白かった」という読者カードを寄せてくれた人がいた一方で、僕の後を追うように、陶芸にのめりこんだ人もいた。

手を使って物を作るという、人間が人間になるためにたどってきた進化の歴史と切り離されたところで、現代の僕たちは仕事をしている。手の感覚が衰えていることへの潜在的な飢餓感が強い人ほど、背中を押されてしまったような気がするのだが、じっさいのところはどうなのだろう。

花をのみ　待つらん人に　山里《やまざと》の　雪間《ゆきま》の草の　春を見せばや

茶の心を問うた人に、千利休は藤原家隆《いえたか》のこの歌を示したそうである。茶に不案内な僕は、利休が伝えたかったことを正しく受け取っている自信はない。だが、この歌は好きだ。自分の号を「草間雪春」にしようかと考えたくらいに好きである。企業戦士として桜ばかり追いかけていた僕を、もうひとつの豊饒《ほうじょう》な世界へ道案内してくれたのが陶芸だった。

単行本として出版されたさいには、晶文社編集部の斉藤典貴さん（現在は退職されて、編集者兼ライター）に大変お世話になった。

今回の文庫化にあたっては、文春文庫部の柏原光太郎さんに声をかけていただいたことからすべてが始まった。初めて足を運んでもらったのは夏の盛り。サウナのような工房の中で、最終章を書き加えることなど具体的な話が進んだ。

さて久しぶりに読み返してみると、悪文はともかくとして、陶芸についての理解の浅さや、焼成技術の未熟さに、消え入りたいような心境になった。だが、それも含《ふく》めて、初心者のときにしか書けないことだったと思い直し、明《あき》らかな誤《あやま》り以外は手を加えないでおくことにした。

解説は宗形英作さんが引き受けてくださった。新入社員のときから八年間お世話になったチームの先輩で、僕の書く文字が氏とそっくりになってしまうほど影響を受けた思い出がある。当時は少なくとも週に一度は朝までいっしょに飲んだくれていたから、何を書かれるやら冷や汗ものである。

文庫になったこの本が、新しい読者とどんな出会いをするのか、とても楽しみにしている。

二〇〇八年三月　　　林　寧彦

解説

宗形英作

この本は、人間の幸福を語った本である。幸福への道筋を語った本である。

最近世の中を見るに、自分になりたがっている大人たちの多いことに気づく。自分の趣味を持ちたい、好きなことを始めたい、という思い、それはいろんな気疲れやストレスから解放され、しがらみのない素の自分を探しに行く旅への欲求でもある。自分だけの時間というものを充実させる、ということに憧れている人たち、その人たちへの手引きとなり、かつ応援歌になる、それがこの本である。

『週末陶芸のすすめ』は、まさになにかを始めたいと思ったひとりの男が、陶芸というものにのめり込んでいった経緯をつづったものである。「陶芸でも始めようかな」ふともらした奥さんのひと言に触発されて、ひとり陶芸教室の門をたたき、そのまま突き進んでしまった男の物語である。なぜ、かくも見事に陶芸にのめり込むことができたか、陶芸というものの面白さ、難しさ、不思議さを追体験しながら、人の幸福のあり方を考えさせられ、そしてなにかを試してみようと思わせる本である。

人間というのは、実に不思議な動物である。

今まで縁もゆかりもなかった全く新しいなにかを突然始めることができる動物であり、その新しいなにかに眠る時間を削るほど夢中になることのできる動物であり、そのなにかにいろいろと工夫を重ねることのできる動物であり、そのなにかに対していろんな失敗を繰り返しながらもめげずに進むことのできる動物であり、そして、少しずつ上手になっていくことを自覚できる動物である。そしてなにより、そこに幸福を感じることができる動物である。その前向きさ、ひたむきさを実践できる動物＝人間として生まれてきたことの幸福を実感できる場として、週末陶芸がある。

陶芸は、まさに幸福の宝庫。いくつもの難関が用意され、いくつもの初めてが体験でき、いくつもの上達が楽しめる仕組みになっている。

土をこね、ロクロを回し、カタチを整え、絵をつけ、色をつけ、釉薬《うわぐすり》をかけ、火を入れ、祈り、そして、出会う。この一連の流れの中にたくさんの幸福が隠されている。仕上がったその作品に向き合った時に感じる幸福もあれば、ただ土をこねるということだけで感じる幸福もある。

陶芸に先生はいるけれど、チームという概念はない。仲間はいても、一緒にひとつの作品を作るわけではない。言うまでもなく、陶芸は個の芸である。林寧彦にとって、個の芸であることが、陶芸との長いつき合いを可能なものにしたのではないか。

新人として広告会社のクリエイティブセクションに配属された二十四歳の林寧彦は、大柄な割には少し寂しそうな風情を漂わせた青年だった。話す口調は穏やかだったが、反論されると口先がちょっと尖《とんが》って早口になった。それが生真面目さの証しのように見えた。

林寧彦と私は、主にテレビＣＭの企画制作をするチームに属していた。カラーテレビの仕事で関西にプレゼンに行ったり、クルマの新発売広告の一行のコピーにアタマを悩ましたり、化粧品の仕事で津和野まで祭りを撮影に行ったり、大物タレントを起用するビールの広告の企画を考えたり、夜遅くまで一緒に仕事をし、そして一区切りつくとよく朝まで飲んだ。公私の区別もできないほど仕事をしたけれど、「広告は人間を描く仕事だ、自分らしさを表現する仕事だ」という考え方をする人がボスだったので、つらいという気持ちはあまり湧かなかった。恐らく、林寧彦も同じ気持ちだったのだろう。どんなに忙しくても、林寧彦の口から愚痴や不満を聞いたことはなかった。

林寧彦の作ったＣＭで、私の大好きなものがある。二十秒のラジオＣＭである。

歌　　　ド・レ・ミ〜（ピアノと歌）
ナレーション　陽焼けをそのままにしておくと……
歌　　　ソラ・ソラ・ソラ・ソラ・シミ　ソラ・ソラ・シミ
　　　ミレド・ミレド・シミ
ナレーション　お肌をシミから守る資生堂フレッシュア。すぐつけるのが……
歌　　　ミソ

ドレミの音階をコピーに見立てたＣＭである。ちょっとしたユーモアと品のいい作りは、林寧彦のひとつの特徴である。アイデアと仕上げの力、当時もうまいなぁと感心した。

この仕事は、ＡＣＣ（全日本シーエム放送連盟）が主催する日本で最大のＣＭ広告祭で、最優秀スポットＣＭ賞に輝いた。ラジオＣＭで他の年にも最優秀スポットＣＭ賞を獲っているし、また全日本ＣＭ大賞という大きな賞も受賞している。

テレビＣＭは基本的にチーム単位で行われる仕事である。それに対して、ラジオＣＭは、他の人の力を借りることなく、自分のイメージ通りにひとりで完結させることのできる仕事である。林寧彦は、テレビＣＭよりもラジオＣＭにどんどん興味を持ち、そしてハマっていった。ラジオＣＭの仕事が、彼にひとり仕事のおもしろさを、快感を教えていった。

ひとりであること、ひとりですること、そうしたやり方に若い時から惹かれていた性格が、林寧彦の陶芸を志すきっかけとなり、そして持続力になっているのではないか、と思う。

ひとり仕事には、向いている人と向いていない人がいる。そして、林寧彦は、つくづくひとり仕事が向いている人だ、と思う。その分かれ道は、うまくいかない時にこそ自分が自分の味方になれるかどうか、にある。

自分を愛することができれば、めげないものである。自分を叱ったり、励ましたり、慰めたり、褒《ほ》めたり、時に甘やかしたりしながら、自分の力を信じようとする。自分への愛、そのことを林寧彦は、極めて自覚しながら行っている人種であるように見える。自己信奉にしろ、自己弁護にしろ、基本はいかに自己を肯定するか、その才能に林寧彦は実に長《た》けている。しかも、それが少しも嫌味にならない。それは林寧彦の自分への愛が、多過ぎも少な過ぎもしないからであり、とてもいいバランスを保っているからである。

ひがみとか妬《ねた》みとか自惚《うぬぼ》れとか独りよがりとか、そうしたものを抱えている自分を素直に表現し、そして仕方がないなぁという目で見つめ、認め、愛している。自分のあるがまま、ひとりの人間を丸ごと愛することのできる才能、それが林寧彦のもっとも大きな才能なのではないか、と睨《にら》んでいる。

ひとりである、ひとりでする、林寧彦と奥さんをみていると、ひとりであるためにふたりでいる、という関係ができているように見える。お互いが望んだものなのか、林寧彦がそのように仕向けてきたのか、私は林寧彦の作意を感じるのだけれど、ひとりであることを認め合いながら、お互いがお互いにとってよい批評家として存在している。どうぞお好きに、だけどこれだけは忘れないでね、奥さんのまなざしが、林寧彦の自己愛への暴走を食い止めて、自分を客観化する機会を与えている。

オズオズと妻に切り出してみた。明らかに妻は怒っている。ふと振り向くと妻が立っていた。妻からの提案があった。妻との約束が脳裏を掠《かす》める。妻の手から花器を奪い取った。妻の言葉を無視して。妻はあきれた顔をした。妻の反応はというと。妻の顰蹙《ひんしゅく》を買っている。妻はすべてを背負うつもりで「いいよ」と言っている。妻に電話を入れた。妻に事後報告となった。妻とふたりで売り場を歩いた。妻の負担が重くなりすぎる。妻と話し合った。妻が出張で福岡に立ち寄った。妻の言葉に驚いた。ぼくの奇声で起こされた妻。妻に切り出すまでに五日かかり。妻に告げた。妻に掲載日を知らせず。妻はため息をついた。

この本の中で奥さんがたびたび登場してくる。それも大切な局面になると必ずと言っていい程、姿を現す。

奥さんも広告業界に縁の深い方で、私もたびたび仕事をご一緒した。きりっと唇を結ぶとえくぼのできる奥さんは、ひとたび話し始めると、その歯切れのいい口調に聞き惚れる。江戸っ子である。信号機のない田舎町で育った林寧彦ののんびりとしたテンポに、小気味のいいリズムを与えるのが奥さんの役目なのかもしれない。がんばれよ、ポンポンと肩を叩く。奥さんは、林寧彦の昔からあった性癖を伸ばし、ひとり仕事向きに、より林寧彦らしい林寧彦を作っていった。

三十代の後半に、仕事以外の楽しみを作りたい、という思いの最中で出会った一枚の柿の葉に「自然が一年かけて作った色の豊かさに驚かされた」と林寧彦は書く。そして、伝統工芸のもっとも権威のある展覧会に初めて行った時のことを「人の手がこれほどのものを作ることができることに驚かされた」と林寧彦は書く。

それが美

であると意識するまえの
かすかな驚きが好きだ。

清岡卓行の「ある眩暈《くるめき》」という詩（詩集『一瞬』所収）の書き出しである。一枚の柿の葉に、居並ぶ作品群に、林寧彦も眩暈を感じたのだろうか。林寧彦は、どこか大人になることを拒否しているように見える。驚きに満ちた世の中に対していつでもその驚きを感じることのできる少年として向き合い続けたいと願っているように見える。

アタマだけで世の中を動かそうとする大きな流れの中にあって、むしろ少年のような柔らかな感性が求められる時代になったのではないか、と思う。それはカラダを楽しむということであり、カラダで楽しむということでもある。

言葉の発見と手の活用、それが人類の人類たる所以《ゆえん》であり、人間の幸福の源泉である。「書く」がパソコンのキーを「打つ」に変わり、料理を「作る」がレンジのボタンを「押す」に変わった。果してそれでいいのか、とささやく声が聞える。手探り、手習い、手触り、手ほどき、手で覚え、手で感じ、手で作る、それが五感を磨くことであり、人間としての幸福を身近に置くことなのではないか。

陶芸は、手の物語である。前向きさ、ひたむきさを実践できる動物として、手を再認識して、手を活用する。その時、ひとりであることを実感し、ひとりの力の大きさを確認し、ひとりでできることの楽しさを味わう。手間をかけること、手塩にかけること、大事なものが自分の手からできていく、そうした時間を味わえる、それが週末陶芸だ、と林寧彦は語り、そして実践してきた。苦労も交えながら、ひとりであること、ひとりですること、そして何より自分になること、その楽しさでこの本は満たされている。

（㈱博報堂執行役員、エグゼクティブ クリエイティブ ディレクター）

参考資料

『陶芸の伝統技法』大西政太郎　理工学社
『陶芸の釉薬——理論と調製の実際』大西政太郎　理工学社
『陶芸の技法』田村耕一　雄山閣
『唐九郎のやきもの教室』加藤唐九郎　新潮社・とんぼの本
『季刊　つくる陶磁郎』入澤企画制作事務所編　双葉社
『かたちで楽しい陶芸』みみずく・くらふとシリーズ　島田文雄・豊福誠・佐伯守美　視覚デザイン研究所
『土のぬくもり』藤原啓　日本経済新聞社
『自伝・土と炎の迷路』加藤唐九郎　日本経済新聞社
『窯にまかせて』浜田庄司　日本経済新聞社
『製陶餘録』富本憲吉　文化出版局
『おれはろくろのまわるまま——評伝・川喜田半泥子』千早耿一郎　日本経済新聞社
『東と西を超えて——自伝的回想』バーナード・リーチ／福田陸太郎訳　日本経済新聞社
『魯山人陶説』平野雅章編　中公文庫

『魯山人の世界』梶川芳友・林屋晴三・吉田耕三他　新潮社・とんぼの本
『原色陶器大辞典』加藤唐九郎編　淡交社
『工芸の道』柳宗悦　講談社学術文庫
『日本陶磁の一万二千年』矢部良明　平凡社
『中国陶磁の八千年』矢部良明　平凡社
『現代陶芸の造形思考』金子賢治　阿部出版
『茶ごころ』近藤道生　新潮社

単行本　一九九八年五月　晶文社刊

文春文庫 PLUS

週末陶芸《しゅうまつとうげい》のすすめ

2008年 4 月10日　第 1 刷

著　者――林《はやし》　寧彦《やすひこ》

発行者――村上和宏

発行所――株式会社文藝春秋
東京都千代田区紀尾井町 3-23　〒102-8008
電話　03-3265-1211
文藝春秋ホームページ　http://www.bunshun.co.jp
文春ウェブ文庫　http://www.bunshunplaza.com

印　刷――凸版印刷

製　本――加藤製本

落丁、乱丁本は、お手数ですが小社製作部宛お送り下さい。送料小社負担でお取替致します。
定価はカバーに表示してあります。

ISBN978-4-16-771323-2

文春文庫

文春文庫 PLUS

品切の節はご容赦下さい。

魚柄仁之助
元気食 実践マニュアル155
超簡単・激安・ヘルシーな食生活を説きつづけて人気の著者が読者の要望に応えて披露した155の技。目からウロコのアイデア、子供からお年寄りまで喜ぶ美味メニューを満載した実践篇。
P20-1

魚柄仁之助
儲かる古道具屋裏話
売れる商品とは？ 仕入れのコツは？ 古道具屋経営歴二十年の著者が、大サバイバル時代を生き抜くための商売の極意を披露する。貴重な商品写真とともに、抱腹絶倒のエピソードが満載。
P20-6

椎名玲・吉中由紀
危険食品読本
アメリカ産牛肉はどう考えても危険。といって、豚肉の信頼性は大丈夫だろうか。輸入野菜の残留農薬問題は？ データを基に食生活に警鐘を鳴らす、「週刊文春」好評連載シリーズ登場。
P20-23

小山裕久
右手に包丁、左手に醤油
大阪「吉兆」で修業し、徳島の名料亭「青柳」を継いだ主人が、食の真髄を求めて、国内やフランス、北京、シンガポールなど世界を訪ねつつ考えた日本料理の「原理」をつづった随筆集。
P20-4

鶴田静／エドワード・レビンソン写真
田園に暮す
ベジタリアン料理の草分け的存在である著者の美しい料理写真とレシピ、農村に訪れる日本の四季の穏やかな風景がカラー写真でふんだんに盛り込まれた、田園生活を満喫できるエッセイ。
P20-5

鶴田静／エドワード・レビンソン写真
二人で建てた家
「田園に暮す」それから
美しい自然の中に終の住処を建てた！ 房総でオーガニック・ライフを実践、写真家の夫と手探りで家造り。田園生活のヒント、インテリア、料理などを美しい写真とともに紹介。
P20-26

（　）内は解説者。品切の節はご容赦下さい。

小笠原敬承斎
まごころの贈り物
母と子のごあいさつ読本

周囲に対するやさしい振舞いは、人間関係を円滑にするもの。「美しい振舞いは、相手を大切に思うこころから」という思いを持つ若き宗家が新しい感覚の正しい礼法について紹介する。

P20-9

横森美奈子
「おしゃれ」になるにはコツがある

おしゃれに悩むあなた、コーディネートや体型コンプレックスで、思い違いをしていませんか？　一時代を画したＢＩＧＩのファッションデザイナーが、おしゃれの悩みに、全部答えます。

P20-12

山下柚実
美容整形
「美しさ」から「変身」へ

シワ取り、シミ取り、二重まぶた、隆鼻、豊胸、脱毛、脂肪除去……。「お化粧感覚できれいになれる」「簡単に若返る」という甘い言葉は本当なのか？　精力的な取材で実態をレポート。

P30-3

Dr.リンダ・サパディン／ジャック・マガイヤー
（齊藤勇訳）
グズの人にはわけがある

本当に困っているのは、先のばし癖をもつあなただ！　グズ人間を心配性、夢想家、反抗者など六タイプで徹底研究。自分を苦しめ悩ます困った癖の直し方を、米国人女性心理学者が説く。

P30-4

大原広軌・藤臣柊子マンガ
精神科に行こう！
心のカゼは軽～く治そう

パニック・ディスオーダーを発症し精神科に通院する事になった著者。そこは恐い、アブナイ、そんな世間のイメージとは180度違う所だった。漫画と文章で綴る爆笑体験記！（中島らも）

P30-5

衿《えり》野《の》未《み》矢《や》
ひとりになれない女たち
買い物依存、電話・恋愛にのめりこむ心理

だれか止めて！　買い物、過食、恋愛。仕事も友もなくし、命まで脅かされるほどに傷つき、ボロボロになっても止まらない。愛情飢餓、依存症の悲惨な実例を挙げ、専門家とともに解明。

P30-6

江口まゆみ
ニッポン全国酒紀行
酔っぱライター飲み倒れの旅

デンキブラン、ホッピーなど日本オリジナルの酒を制覇し、ソムリエ、バーテン修業に体当たり。〃うまい酒が飲みたい!!〃の一念で酔っぱライターが日本全国を飲み歩く突撃ルポルタージュ。

P20-13

伊丹由宇
超こだわりの店乱れ食い

探しまくり、食べまくり、飲みまくり、人々とのうるわしい出会いを求め続ける自称〃食の狩人〃の「ビッグコミックオリジナル」誌人気コラムをもとに、二千軒の中から厳選した百一軒。

P20-14

伊丹由宇
超こだわりの店百番勝負

ご存知〃食の狩人〃が探し求めた伝統の味、努力の味、噂の隠れた名物絶品の味。安くて、旨くて、人情味豊かな居心地満点の店案内。食の情報サイトをしのぐ〃驚きの味の店〃第二弾！

P20-25

マーク・ピーターセン
ワインデイズ

私はいかにしてワインに取り憑かれてしまったのか。日本に住む一人のアメリカ人大学教授の赫々《かっかく》たるワイン遍歴。ナポリ、シチリア、スペイン、チリ等々。今晩のワインに迷ったら……。

P20-16

さとなお
沖縄上手な旅ごはん
美《ちゅ》ら島に遊び、うま店で食べる

沖縄はリゾートだけじゃない！　島豆腐、沖縄そば、グルクン、泡盛等々、本業会社員の著者が食べ歩いて見つけた、面白くて美味しい本当の沖縄を紹介する、究極の旅ガイド。（室井滋）

P20-20

朝田今日子
オリーブオイルのおいしい生活
ウンブリア田舎便り

オリーブの収穫、豚の解体、トマトの瓶詰め、村の栗祭り。イタリアの田舎に暮らす主婦が、体に優しく美味しい本場家庭料理のレシピと、村の人々のシンプルな生活を写真満載で紹介。

P20-24

（　）内は解説者。品切の節はご容赦下さい。

カラオケ中年隊編
カラオケ中年隊がゆく
裕次郎から森高千里まで
歌に時代あり、歌手にゴシップあり。西田佐知子からキャンディーズまで、カラオケで知ったこの名曲あの歌手の懐かしき面白エピソード満載。コレ知ってると、カラオケがもっと楽しい！
P20-18

亀谷了《さとる》
寄生虫館物語
可愛く奇妙な虫たちの暮らし
女子高生のお腹に合計四十五mの寄生虫がいた!? イタリアには寄生虫料理がある!?「目黒寄生虫館」名誉館長が仰天エピソード満載で語る、奇妙だけど可愛い寄生虫物語。（伊藤潤二）
P40-3

岩佐陽一
70年代カルトTV図鑑
70年代、子供達が熱狂したあのカルトなTV番組が甦る！ なぜか米不足の解消を嘆願していたレインボーマン、みんな踊った電線音頭、巨大な斧で悪を滅ぼすバトルホーク他、名作揃い。
P40-4

岩佐陽一
なつかしのTV青春アルバム！
特撮・アクションドラマ篇
七〇年代。ぼくたちは正義も愛も、テレビから教わった。仮面ライダー、スペクトルマン、念仏の鉄、カースケetc.懐かしの名番組全五十二篇を、愛とデータで熱く語る一冊。（平山亨）
P40-6

大倉乾吾
日本廃線鉄道紀行
南部縦貫鉄道、長野電鉄河東線、JR可部線などなど。鉄道マニアならずとも郷愁を感じる「廃線跡」の風景を、写真とエッセイで綴る。新潟臨海鉄道のタンク車がなぜか寂しい……。
P40-16

岸久
スタア・バーへ、ようこそ
日本人初の世界カクテルコンクールのチャンピオンが優しくナビゲートする銀座の「バー」のお作法の数々。これさえ読めば本格的バーの「しきい」も高くない。カクテルレシピもあります。
P20-29

文春文庫

文春文庫 PLUS

（ ）内は解説者。品切の節はご容赦下さい。

学力をつける食事
知力・気力・体力アップの食卓作戦
廣瀬正義

ベストセラー『本当の学力をつける本』で紹介された「食事による学力増強法」がこれ。中学教育三十年におよぶ保健体育の授業でデータをとり、実験を重ね、その因果関係を明らかにした。

P20-11

東南アジア四次元日記
宮田珠己

旅行をしたくて会社を辞めた、謎の元サラリーマンがアジアを陸路で越えゆく旅にでた。ラオスで恥をかこうが、ミャンマーでオカマに狙われようが全力リラックスで進む爆笑珍紀行。

P40-5

ザ・マン盆栽
パラダイス山元

盆栽＋フィギュアで意外なドラマを演出する都市型グリーンアート、マン盆栽。家元の手による珠玉の作品集と即席つくり方講座、単語集などマン盆栽情報満載の魅惑の一冊。（ナンシー関）

P40-7

ザ・マン盆栽 2
パラダイス山元

マン盆栽の出現で、盆栽世界の安寧は打ち破られた。あのKinKi Kidsをあのタモリを虜にした、盆栽とフィギュアが織りなす感動の小宇宙。好評第二弾。全文英訳つき。（みうらじゅん）

P40-10

中国茶めぐりの旅
上海・香港・台北
工藤佳治

上海・香港・台北と、中国茶の原点を訪ねる旅をコース別に案内し、茶館を巡って本場の茶の楽しみ方を紹介する。あわせておいしい淹れ方から茶具、各地の美味なる料理屋さんも紹介。

P40-9

岩茶《がんちゃ》のちから
中国茶はゴマンとあるが、なぜ岩茶か？
左能典代《さのふみよ》

古来、中国の皇帝たちに献上され、毛沢東も虜にした中国・武夷山で育まれる岩茶。一杯飲むと陶酔、忘我の境地へと誘う、その謎めいた名茶の秘密を、岩茶研究の第一人者が解き明かす。

P40-23